太极螳螂拳

——传统套路与实战技击

夏绍龙　主编

人民体育出版社

图书在版编目（CIP）数据

太极螳螂拳：传统套路与实战技击 / 夏绍龙主编
. -- 北京：人民体育出版社, 2024 (2025. 12重印) .
ISBN 978-7-5009-6375-2

Ⅰ. ①太… Ⅱ. ①夏… Ⅲ. ①太极拳—螳螂拳 Ⅳ.
①G852.18

中国国家版本馆CIP数据核字(2023)第216170号

太极螳螂拳：传统套路与实战技击

夏绍龙　主编
出版发行：人民体育出版社
印　　装：廊坊市蓝华印刷有限责任公司

开　本：710 × 1000　16开本　　印　张：18　　字　数：337千字
版　次：2024年9月第1版　　印　次：2025年12月第2次印刷
书　号：ISBN 978-7-5009-6375-2
印　数：3,001—4,000册
定　价：60.00元

购买本社图书，如遇有缺损页可与发行与市场营销部联系
联系电话：（010）67151482
社　　址：北京市东城区体育馆路8号（100061）
网　　址：https://books.sports.cn/

编委会

青岛特警支队成员与第一任教练夏绍龙合影

夏绍龙担任青岛港兰盾特警突击队教练期间与学员合影

夏绍龙与国内外学员合影

首届中国（泰山）国际传统武术节，
青岛绍龙武馆共获得金牌21枚

夏绍龙在美国马里兰州与山东“莱阳三山”
之一李昆山徒弟陈培合影留念

2005年青岛武协螳螂拳代表团在美国马里兰州巴尔的摩参加世界武术锦标赛，
夏绍龙荣获两枚金牌。图为时任中国驻美国大使馆参赞兼总领事李瑞佑（左二）、
夏绍龙（左三）、时任中国外交部亚洲司司长崔天凯（左五）、
时任北美中华武术联合总会会长黄乾量（右三）

2009年夏绍龙在美国巴尔的摩担任武术裁判

序

螳螂拳是中国著名的传统武术流派之一，象形拳的一种。它是山东省四大名拳之一，也是首批被国家体育总局武术运动管理中心列入系统研究整理的传统武术九大流派之一。螳螂拳为明末清初胶东人王朗所创，距今已有三百多年的历史。相传，王朗祖师察螳螂捕蝉之动静，取其神态，赋其阴阳、刚柔虚实之理，施以上下、左右、前后、进退之法，演古传十八家手法于一体而创螳螂拳法。到清道光年间，海阳籍武术大师梁学香传拳时就叫作螳螂拳，螳螂拳并没有别的什么称呼，也没有众多的门派。因为在那之前螳螂拳都是一脉相传的，只有为数不多的嫡系传人掌握。真正使螳螂拳在中国武术史上变得举足轻重的是清末民初的姜化龙和宋子德先生。通过他们和“莱阳三山”(王玉山、崔寿山、李昆山)的身体力行，螳螂拳成为备受武术界瞩目的武术流派。为了与流传于世的众多螳螂拳作一区别，宋子德、姜化龙将一脉嫡传的螳螂拳命名为“太极螳螂拳”，太极螳螂拳就是古传螳螂拳。这一时期各派武术名家多以练习螳螂拳为荣，带艺从师者很多，练习者更多，于是带艺从师者与练习者又互相影响，在没有完整继承嫡派的前提下将螳螂拳与其他流派的技艺融合，遂形成了现今诸多的螳螂拳流派。这就是螳螂拳的源与流。

时光荏苒，到了1969年，有志习武的青年人夏绍龙在青岛大庙山拜“莱阳三山”之一的王玉山为师，跟随其学习螳螂拳。王玉山一辈子靠教拳吃饭，经济上颇为窘迫。夏绍龙考虑到师傅生活清苦，对师傅多有接济。王玉山十分感念，于是用心栽培，给夏绍龙“吃了小灶”，夏绍龙的功夫有了很大的提升，自此常与其他拳种的武术人士切磋，多有收获。师傅言传身教，嘱咐夏绍龙将来有条件了要尽忠报国，培养武术人才。冬去春来，1982年武术运动管理中心为抢救文化遗产派专人来到青岛寻找王玉山，可惜老先生已在1976年12月去世了。

1982年，青岛市重竞技协会成立，夏绍龙任散打队总教练。1985年青岛市公安局特警防暴大队公开选拔总教练，夏绍龙一个小时内与三位竞争者交手，将他们一一击败，荣膺特警防暴大队总教练，培养了一批批人才，为平安青岛建设作出了特殊贡献。2005年春在中国香港举办的第二届国际武术节上，他率青岛队连获两枚金牌。同年夏天他带队参加在美国马里兰州巴尔的摩市举办的武术大赛，独获两枚金牌。时任中国驻美国大使馆参赞兼总领事李瑞佑先生亲来恭贺并与之合影留念。载誉回国后，夏绍龙越发致力于通过武术传承中华优秀文化。2009年经青岛市体育局批准成立青岛绍龙武术俱乐部，夏绍龙担任馆长，这时距离他拜师学艺已经过去了整整40年！

辛勤切磋传授武术之余，夏绍龙从来没有忘记师傅的嘱托，他感念在世师兄弟已经不多，而掌握师傅拳法精髓并能完整打下来的不过寥寥数人，因此感到有责任和义务把拳法精要整理成书并传承下去发扬光大。为此，夏绍龙先生呕心沥血将王玉山先生生前传授的太极螳螂拳的全部打法和精髓做了认真细致的整理归纳，潜心著述数个春秋，终于成书并拍成视频。全书图文并茂，通俗易懂，既深入挖掘了螳螂拳这门武林绝技，又传递了中华传统优秀文化的正能量，可以告慰王玉山先生矣！

是为序。

孙志周

2022年2月

前　言

青岛作为螳螂拳的重要发源地，其地位不容小觑。历史上有句广为流传的俗语："想要岛上走，就会螳螂手"，这一点也得到了武术界的广泛认同。螳螂拳的发展历程可以划分为三个重要阶段。首个阶段可追溯至20世纪30年代的青岛港码头，当时众多资深武术家汇聚于此，他们不仅技艺高超，更具备深厚的武术功底。这一时期的青岛，黑社会势力错综复杂，山头林立，各派系间竞争激烈。在这样的背景下，拥有强大武术实力的人往往能够征服一切。王玉山先生，我之师傅，于20世纪30年代来到青岛，开设武馆，传授螳螂拳技艺。昔日青岛老沧口区沙岭庄村及盐滩村，众多弟子曾跟随玉山先生习武。为提高武术技艺，青岛曾举办擂台赛，我师傅之弟子宋秀文、宋秀武兄弟二人勇夺当年擂台冠军。须知，当时比赛规则极为严苛。正因此，螳螂拳在当时的青岛得以崭露头角，亦使山东莱阳之太极螳螂拳在青岛落地生根。习武者们深受太极螳螂拳的影响，拳法勇猛快速，硬劈硬砸的特点被广泛吸收。特别是玉山先生传授的太极手、劈砸手等技艺，一肘遮半身，硬劈硬砸，上下翻飞，令人难以捉摸。当时青岛除"莱阳三山"中的王玉山先生，太极梅花螳螂拳的郝斌、七星螳螂拳的王玉鹏及李占元等，他们的技艺也都十分精湛，为螳螂拳的传承和发展作出了重要贡献。

螳螂拳在20世纪六七十年代迎来了发展的第二个阶段，此阶段是螳螂拳习练最为繁荣的时期。那个时期，人们大多居住在平房里。走进大院，听到的几乎都是举重用的简易杠铃声及摔跤时的呼哈劈啪声。螳螂拳的练习者遍布山头、公园、学校等地，数量众多。青年们彼此间相互竞技，争相练习，常常至深夜。习练者渴望与他人比试，验证自己的实力。与拳击、摔跤等武术形式的较量中，螳螂拳展现出了独特的优势，习练者往往能够取得胜利。因此，当时流传着一句话："螳螂拳的手法是打出来的。"

在学习螳螂拳的过程中，首先需要掌握套路。因为所有的打法和用法都是从套路中提炼出来的。套路中包含乱接、崩补、拳中摘要七段、八肘四段等主要拳法。此外，螳螂拳的手法要求刁钻，出手要迅速且出其不意。同时，还需要熟练运用勾、搂、採、挂、封、闭、顺、送等技法。在现代，这种交手形式被称为散打，而当时则称为散手或演手。如果有人对某人的技艺表示怀疑，他们便会约定一个地点进行比试。这种比试有着严格的规矩，即双方切磋时绝不允许第三者介入。比赛的胜负完全取决于技术和本领，展现的是练武者的豪情、义气。在日常生活中，师兄弟们也是同舟共济、互帮互助，社会风气纯朴和谐。

拉封手打法，当今会的人极少，可以说接近失传，可是20世纪60年末70年代初，在青岛的大庙山上特别盛行。众多师兄弟们以拉封手来演示摘要的每一个打法和用法，以及验证使用的手法，这在太极螳螂拳中也是独创的。

拉封手技艺包含定步拉封手与活步拉封手，最终发展至散手技击。拳术涵盖乱接、崩补等核心技术，以及从拳中摘要七段、八肘四段提炼出的独特手法，这些手法又结合拉封手的战术运用。定步拉封手注重双方脚对脚站立，采用手法一封一压，随着拳法动作加速，通过独特手法如扒山手、滚龙肘等将对手击倒。活步拉封手则强调双方保持一定距离（约半米），手格对峙的同时身体旋转，手法灵活多变。随着身法和手法的提升，运用如反尖脚、鳌鱼侧身脚等技法，最终通过盘肘蹬扑等动作将对手打翻。

太极螳螂拳的第三个发展阶段在2000年以后，国家积极倡导全民健身运动，加之经济的蓬勃发展，人们收入水平显著提高。由于韩国的跆拳道迅速在我国流行开来，武馆增多，螳螂拳在青岛地区重新焕发出往日的光彩。青岛的居民对螳螂拳有着深厚的认知和喜爱，纷纷加入到螳螂拳的学习中。

值得一提的是，连韩国的跆拳道教练也开始向我们学习太极螳螂拳，他们认为这是一种非常实用且高效的武术技巧。随着螳螂拳的声誉逐渐提升，来自世界各地的学员纷纷前来学习，包括美国、西班牙、日本和韩国等。这也使得螳螂拳不仅在青岛地区得到传承和发展，更逐渐传播到世界各地。

螳螂拳在青岛的发展历程已近百年。遗憾的是，许多杰出的螳螂拳前辈已离世，我们这些当年的年轻习武之人，如今也已步入暮年，然而，我们有责任、有决心将螳螂拳传承下去。

我始终铭记着玉山老师的教诲，视弘扬中国传统武术、培育武术人才为己任。我幸得王玉山老师传授螳螂拳，掌握了全套打法和核心精髓，包括乱接、崩补、摘要七段、八肘四段、八段锦、三回九转罗汉金身功及擒拿等拳术。特别是在师父的晚年，我有幸聆听了他关于拳法应用的深入讲解，并将他当年在擂台上所运用的手法、攻守策略及擒拿技巧整理成册，供广大武术爱好者参考。

然而，个人的能力总是有限的，在此我要特别感谢我的徒弟及朋友们，杨胜全、张卫强、杨孝光、王肖厚、臧文龙、潘瑞春、黄福生、杨午山、朱永涛、徐文亮、王绪科、曲学进、华良等人，他们在我出书的过程中给予了极大的帮助和支持。

尽管我已尽力，但书中难免存在疏漏和不妥之处，我恳请广大读者不吝指正，共同促进中国传统武术的传承与发展。

夏绍龙

2024年4月

目　录

第一章　太极螳螂拳总论　1

第二章　太极螳螂拳基本功　15

第三章　崩补　52

第四章　乱接　81

第五章　八肘　104

第六章　拳中摘要　158

附录　265

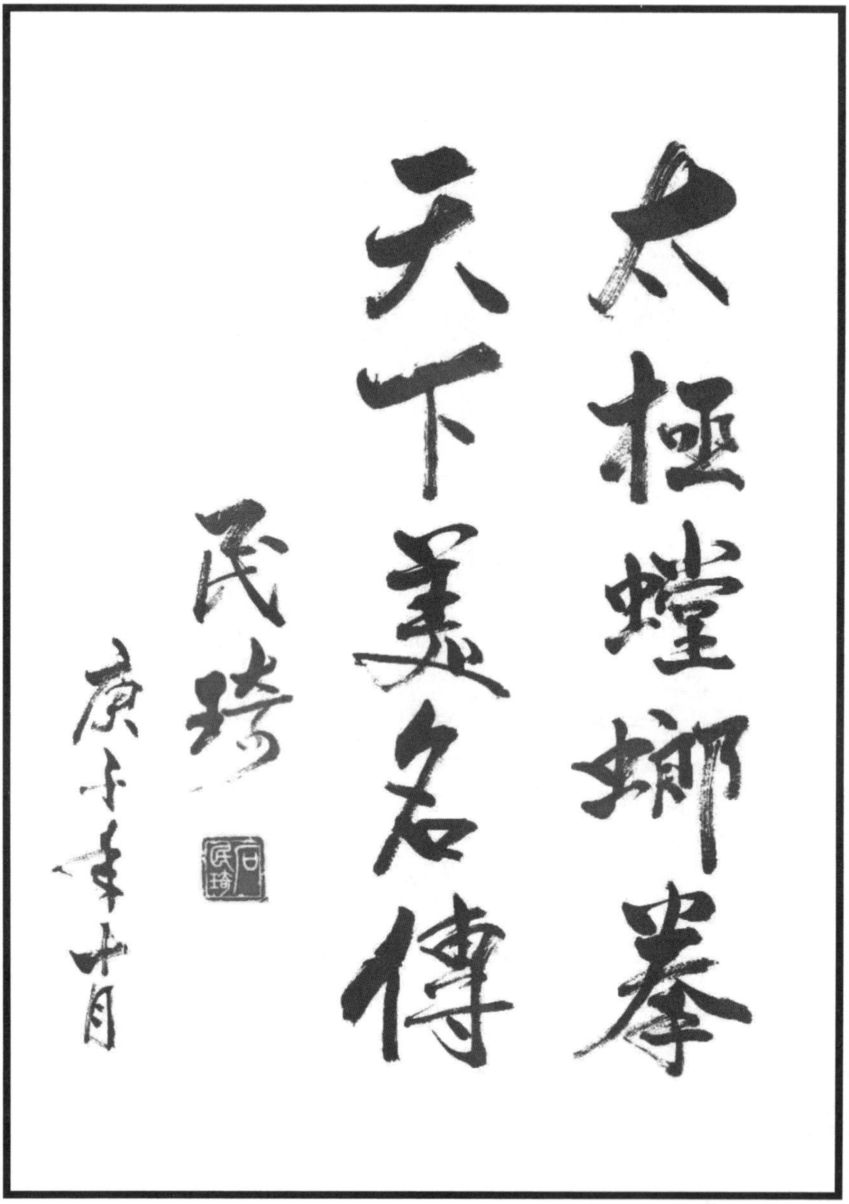

“莱阳三山”之一崔寿山外甥石民琦题词

第一章　太极螳螂拳总论

一、太极螳螂拳名称由来

螳螂拳发源于山东莱阳，后在胶东半岛形成四大流派，即太极螳螂、梅花螳螂、七星螳螂、六合螳螂，此外尚有一些小的流派如助手螳螂等。流传于烟台、莱阳之外的螳螂拳流派更多。

实际上，螳螂拳在清道光年间梁学香传拳时就叫作螳螂拳，并没有别的什么称呼，也没有今日众多的门派。因为在那之前，螳螂拳是一脉相传的，只有为数不多的嫡系传人掌握。

到了梁学香时期，螳螂拳才开始对外传授，外界才有螳螂门宗法显现，但这一时期的传人相对而言也不是很多。人们仍保持着螳螂拳的原样练习。

真正使螳螂拳在中国武术史上具有举足轻重地位的是姜化龙和宋子德先生。诸多螳螂拳流派的产生也是在此时，在这个时期里，通过姜化龙、宋子德、“莱阳三山”（王玉山、崔寿山、李昆山）的身体力行，以实战真功展现了嫡派螳螂门武功的威力，使螳螂拳成为武术界空前瞩目的武术流派。这一时期，各派武术名家多以练习螳螂拳为荣，带艺从师者很多，练习者更多。由于是带艺从师，练习者又各有体会，在没有完整继承嫡派螳螂拳的前提下，将螳螂拳与其他流派技艺融合，遂形成了现今诸多的螳螂拳流派。

为了与流传于世的众多螳螂拳有所区别，宋子德、姜化龙先生将“姜化龙—宋子德—莱阳三山”一脉嫡传的螳螂拳命名为“太极螳螂拳”。

二、太极螳螂拳释名

应该说太极螳螂拳并非是另起一派的螳螂拳，它是古传螳螂拳的载体与精华再现。提起“太极螳螂拳”这个名字，大家会以为是太极拳与螳螂拳的合体，这是错误的。太极螳螂拳就是古传螳螂拳。太极螳螂拳以《易经》中的“太极阴阳学说”贯穿全拳。

太极螳螂拳以乱接、分身八肘为母拳。乱接拳中，则以“阴阳、刚柔、虚实”六字为主体，总称为六爻。六六三十六，故乱接拳中之二十六手，为拳之二十六母。太极螳螂乱接拳拳谱：“为行手、一起太极、又四象、二阴阳……”从拳谱上看，太极螳螂的母拳乱接实际上就是太极生两仪，两仪生四象，四象生八卦。由乱接化出螳螂拳中的另一母拳——分身八肘拳法。分身八肘拳法则以“阴阳刚柔，进迟虚实”八字为主宰。八卦演变为六十四势，八肘亦演变为八八六十四肘，由六十四肘又生出三百六十五手（指摘要拳法）。天有四季，人有四肢，拳有四象；天有八节，人有八节，拳有八肘；天有十二月，人有十二经，拳有十二柔；天有三百六十五日，人有三百六十五节，拳有三百六十五手；天有三宝日、月、星，人有三宝气、血、精；拳有三宝左、中、右。由此可知，太极螳螂拳法完全是以《易经》的太极明阳学说为依据的。

另外就太极螳螂拳的运动特点看，也可以看出处处贯穿“太极明阳学说”的理论。太极螳螂拳法以圆为载体，动作多是圆弧，弧中求直，一正一反，恰如太极阴阳图。

三、太极螳螂拳的整体风貌

《太极螳螂拳谱》载：“螳螂之体、太极手、寒鸡步。”谱中论述太极手千变万化，寒鸡步变化无穷，手出则虚实难辨，手发如雷，如霹雷，不动如山岳，动则如闪电，犹如水汤火烧一般。

这里的螳螂之体，并非是指螳螂拳是象螳螂之形、模仿螳螂动作而成，而是取螳螂对敌体用之意。螳螂捕蝉时，极为灵活，前后左后晃动，可将所有进攻化于一瞬。太极螳螂拳取螳螂闪转腾挪之势，拳谱“对敌手法要诀”所讲的“凡立势不可站定，凡交手须是要走，千着万着，走为上着，进为高着，闪转腾挪为妙着”，即为此意。

太极螳螂拳之所以有“太极”两字，应该说太极手是一个很突出的特点。太极手的手法为走弧入弦，攻守合为一体，攻即守，守即攻，动静相兼。《太极螳螂拳谱》中所论的“阴阳、刚柔、虚实”实际上就是阴中有阳、阳中有阴，刚中有柔、柔中有刚，虚中有实、实中有虚的技击原理。

四、太极螳螂拳的劲力特点

任何一种技击术都研究劲力，这是因为所有的技击作用都是劲力的作用。所以，论拳必然要论劲，太极螳螂拳讲究“囫囵劲”。

囫囵，就是整个的意思，所以囫囵劲，就是周身一体的整劲。太极螳螂拳的劲力，即周身一体的整劲。

阴阳、刚柔、虚实：
阴刚，阳刚，阴柔，阳柔，阴出阳打，阳出阴打，
阴出阴打，阳出阳打，出刚动柔，出柔动刚，
见柔刚克，见刚柔克，虚者实之，实者虚之，
虚虚实实，实实虚虚，此乃阴阳，刚柔虚实之变化也。

七长：钻、劈、崩、檧（格）、挂、圈、漏。
拉钻直捅谓一长，
里处翻牵谓二长，
崩捶侧击谓三长，
插檧（格）破打谓四长，
圈曲窝炮谓五长，
斜圈泠（格）横谓六长，
勾漏缠鞭谓七长。

八短：顶、榜、枕、採、恳、随、格、贴。
侧后顶胂是一短，
跛腿阳榜是二短，
跛腿枕肘是三短，
进步採肘是四短，
入手恳肘是五短，
随肘护中是六短，
格肘遮身是七短，
贴肘护肋是八短。

五、螳螂门十二纲要总说

第一，螳螂门之十二纲要，并不是单纯的手法，乃是螳螂门技击心法和手法的总概括，它贯穿于整个螳螂拳体系之中，各种螳螂手法皆可由此化出，或化归于十二纲要之中，这一点学者犹须明辨。

第二，螳螂门之十二纲要，在对敌运用时，既可互相克制，又须结合为用。这是对立与统一的辩证关系。互相克制的对立关系表现在：如遇封逼，则取而黏粘，遇黏粘则寸顿急进以帮贴，遇帮贴则顺送提拿而复进，遇提拿则封闭，彼先出，我慎敌，彼不动，我引诱之。结合为用的统一关系表现在：彼不动，我引诱之，彼击出，我慎敌，并顺其劲路、招势黏粘，进而施以提拿封闭之术打击之，并以帮贴之法将之送出。另外，十二纲要之间并没有绝对的区别，它们是可以互相转化、见机而用的，如封中可有提拿，拿中可有黏粘，顺送之法又可有帮贴等，故而《拳谱·螳螂之十二纲要分析略说》中云："夫此十二者即可逼敌于下乎？诚尚未也，犹必能调合为用，更迭而行，互相助之，与夫连环制对，方可行而自利也……目注三关，手察敌情，见刚而柔，见柔而刚，刚行附柔，柔行附刚，而相济合，种种变化，皆须熟而善行，乃能进取速利，退避巧捷，刚而摔落与提剁，硬崩而实砸，有降龙伏虎之势，无往弗利，气沉丹田，神雄急定，柔则湛湛兮恍恍，影影兮憧憧，忽虚忽实，一来一往，相机以进退，斯谓之妙焉。论之维易，行之维艰，设此十二纲要，了熟于心，相助为用与？学而有恒可耳。"能达于此，螳螂拳术已登堂入室，臻于化境。

第三，螳螂门之十二纲要，在螳螂拳法的招势名称中均有相应的提示，如双提双剁、左封右崩捶、阳勾叫插捶、粘拿天分打、底叫双帮掌、闭手挺身等，学者循此认真体悟，自可大有收获。另外，十二纲要也可每二字或四字一组，表达一个意思，如黏粘、帮贴、来叫、顺送、提拿、封闭等皆是螳螂拳技击心法的一种表现，学者可自悟，此不赘言。

六、拳谱所载之古传十二纲要分析

黏：黏者，遂手而黏，应手而入之，就像糨糊具有的那种能使物体黏合的性质一样，在拳术应用中，黏其手即当凝气，以反攻之，步亦随之，身亦行之，手亦顺肩而塌，随彼而去，而黏之之时现柔，其内则刚而不露，凝气聚神，遂手行之，然行则去而非去，则来非来，惟能取利可也。黏的关键在于，与对方一接手便附于其上，就彼之动而取之，顺彼之退而进之，若彼进亦不阻，诱其近而取之，总之，或进或退之手，惟随彼为出入，缠黏不断，勇柔有度，足在气之善行，互法相合也。

粘：粘者，近而不离，接而不断之意，有黏才有粘，粘上则如附骨之蛆，彼若动则随之去，彼若退则跟之，彼不动，则就其定而取之。粘的关键在于：身起则气提，身聚则气凝，步近则力趋，手动如风，行之惟速，随机而变，大有春雨连绵、滴洒不断之势，方可用也。

帮：帮手也，双手并行者为正，次行为副，合以并取之为帮。帮之劲须用寸力，寸力者，方寸之间能用全身之力之谓也。帮的使用应视敌情不同而有所区别，小者以手随採而去，中者两臂并力，拧身而进，大则拔步，全身而用皆以为帮。帮有多弊，低头塌腰，学者慎之。帮不可用于长劲，用长劲则易失重心，自身难保。帮要用得恰如其分，若彼近，则就其近，或採或磕，又继之以取。若彼之退，则顺其退，逐跟而取之，用好帮的关键在于：先能使身手步与气相合为一致，心目明敏，而后附以寸力之妙，速勇之利，则自可收效也。

贴：贴者，双方贴近之意。双方贴近，我可用分身八短、分身十二盘肘贴身藏之妙，以身取敌，如彼进取，则採翻而近身，乘机贴取其中，或双方之手皆合，则亦可顺势进而用贴，彼虽欲退避，亦不可得。用贴的关键在于：大胆深入，敢于贴近，无所畏惧，勇敢不怯。

来：来者，慎守勿慌之意。目明了，心意坚确而智敏，应对随机，变化多策，处置适当，但又含仁忍之意，概侠义作为，扶贫济弱，除奸惩恶，分内天职，故武术中最尚道义也。若来者，则任其所来，察其所向，观其所行，连以应之是也。

叫：出手谓之叫，叫中即採，岂不知两敌相争，利关荣辱存亡，如遇狡猾之人，一任刺激，终不出手，则势必用叫。叫者，非刚亦非柔，指上打下，左出而右取，如虚如实，虚进则退而为虚，虚之非实，虚退则进，而实取之。其关键在于能引诱彼方出手，又或彼之手防守其密，无懈可击，我则用七手连拳齐力，虚击以攻开，亦为叫。故曰叫者，其性为攻，诱耳。

顺：顺者，顺送不逆也。来则来，去则去，来去皆取彼之力，而加以回力，须察言观色，俱进取之智乃顺也，顺彼之势，借人之力，但去来未见其行，则来未见其踪，匆匆行之，盘旋进之，翻来覆去，非刚即柔，而非详可，学者须自会其意，惟手熟法娴，方能运用自如，顺达于上乘也。

送：送者，帮而急进，去之凝力，回则聚气而提，随至随送，乘隙而入，彼若不追，虚晃叫之，若来则送之，设其猛击，宜借其力，顺而取之，是以虚出而实之，急採而速进，其法不一，应视敌情，处置有道，则送法合矣。

提：提者，自下而上，状如提物长高。用于小，则须手，中则及臂，若大，则旋于腰。用于手者，则于採而滚，滚而挑，挑又代劈，皆附于提者也，至若用于臂腰者，应用全身之力。总之，勿计其用何处，惟多持手之阴阳，步之寸趋，身神气心专一聚也，方可用之。

拿：拿者，即擒拿之法，擒有三十八，拿有三十四，相合七十二把。若夫擒拿，擒者，抓敌之术；拿者，捆法为之，擒敌难摆脱，此即为拿。欲拿必先施以擒，后施以反筋、背骨、节膜、截脉、拿穴诸法，方显其神效。其关键在于行手重而不觉，轻而不浮，法行运于掌，而手与身犹有知觉，用力于未知，去则去，来则来，止则止，定而又起，神欲断又忽行，轻重相应，仍求坚精。轻则轻如蜂飘舞，重则重逾泰山，稳固莫撼，妙诀不一，法进于熟，且精美有判，俗妙不同，何碍概论，同室一师，风俗有异，勿得不审之乎？

封：封者，封制彼方着法，使之无隙进攻，自保之术也。若守若进，统而为封。然封者，莫为刚与，盖亦不得而定也，仍须以来为别，人我斗之，自知宜明也。强又未取，取之亦未变，法贵迅捷神定，行贵气合于劲，重则力勇，轻则力妙，妙则变势又存取，取而无利复归守，如定若行，使之揣测乏倪，取进无门，则封可取利矣。

闭：闭者，逼也，逼紧彼方，使之无立足之地，其若守而似攻，欲逼而不纳，则彼虽巧于叫诱，亦不可得而就利。欲开而大进，则彼虽欲进而不可，欲避又不及，我欲动，则彼忙于闪招，失机而不得自主，此乃逼之灵魂也。

勾：螳螂勾子，螳螂拳之有名者，即为“螳螂勾子玉环步”，此乃螳螂拳之标志也，所谓螳螂勾子，是以食、中、拇指三指成勾，小指、无名指弯曲内扣，成勾时，小指、无名指、中指、食指要按顺序屈起，不要一起动作，螳螂勾子的小指称钩，无名指称撕，中指称採，食指称裂，合称“钩撕採裂”。此为螳螂拳之特色，非他派武功所能比拟，螳螂勾子的用法有刁勾、勾搂、勾击、臂肘等，做勾搂之勾时，手要虚而向外，其性为柔。

搂：拼五指作擒拿之势，手要向内而实，先以螳螂勾子之刁勾试之，若勾之得手，则继之以搂，使彼方不易解脱我连续之手，其性为刚。

採：在螳螂门中，採有两层意思。一是要同镙丝上扣一样，抓住对方，先入其肉内，再拧转，出手要求阴去阳回，形成自然的拧劲。二是指一种手法，即勾搂採手，所谓勾搂採手，即合前述勾搂两手为採，复加一手便成一组採手之完整手法，先勾者虚，其性属柔，继搂者实，其性属刚，再加拳掌，寓攻击性于其内，便成螳螂手法中著名的勾搂採手了。

挂：在螳螂门中，挂依据其攻防性质不同分为两种，防守性的挂手，其性属刚，是为破解螳螂门“八刚”中锐不可当的泰山压顶、迎面直捅等手法而设，若彼用此类手法，攻我上中路，我即可屈肘横拦、斜挂，以化解彼之来手，此种挂手，在家门所传之勀手螳螂拳路如插捶、四路奔打中均有体现。攻击性的挂手，以左挂手为例做一说明，我以左反掌、右正掌合两手之势，向彼之来手扑去，自外劈开门户后，替出左掌迎头劈落，抢攻于内，外内反复，左右俱进，连环莫止，取彼之上中路，攻击性的挂手其性虽刚，但却有以柔克刚之妙。

刁进：所谓刁者，即前所述之螳螂勾子，螳螂勾子在使用时，性须连以打，即刁即打，刁打连为一体，其间不能有丝毫犹豫。所谓进者，即以螳螂勾子，即刁即进，进而施以螳螂打，刁进中的“进”字，其真正用意乃是提醒学者，切勿仅得意于刁住来手，而不思进取，贻误战机，而使螳螂打无从施展。

崩打：所谓崩者，是针对螳螂门主要手法崩捶而言，崩捶出手有小泰山压顶之势，变化多端，颇为凌厉，所谓打者，即刁打之意。刁打之打，乃螳螂打，含太极打、八卦打、挟山超海打、逐步为营打、冲围打、环攻打、顺返打、倒返打、回风打、流水打等一切打法于其内，螳螂打一经施展，则“三盘一体，周身一气，势如蝴蝶穿花，似蜻蜓点水，四面双绕上下，旋转叠如捶山，令人入手无路，而触外受伤，随机应变，浑身是打，达于混然一太极之境”。

粘黏：粘黏者，先黏紧彼方，使之无距离障碍，就彼动而施以粘手取之，粘手者，系由重复採手组成，先自外採入，再自内採出，接而不断，近而不离，自中门抢攻，锐利而敏捷，变化莫测，粘之至尽乃化出各种拳掌之法。

贴靠：贴者，与彼方贴近之谓也，既已贴近于彼，则我可施用一切短打手法，螳螂拳素有“短打总敌”之称，贴身短打乃其专长，一经贴近，彼方即使想退却，亦当为我短打手法所控制，我可乘贴近之机，施以“靠打”之法取之。螳螂门靠打之法，若用长劲，则为发放，若用短劲，则彼不及跌已重伤其中，在施用贴靠之法时，要以本门“玉环步”“蹬扑”为主，兼以分身八短、分身十二盘肘贴身藏的用法，则腿足提缩似螳螂，势如龙驹扭丝缰，勾错刀叉同互上，谷应山摇一齐撞，头肩肘手足膝胯，七体如一整如铸，自可发挥螳螂打之神效。

七、太极螳螂拳手型

（一）拳

五指卷曲握紧为拳。四指向掌心弯曲卷握，拳面拳背收紧，拇指紧扣在食指和中指第二节指骨上，四指第一节指骨并拢所成的拳面要平，拳背和手臂要平。

平拳：拳面向前，拳心向下。（图1-1）

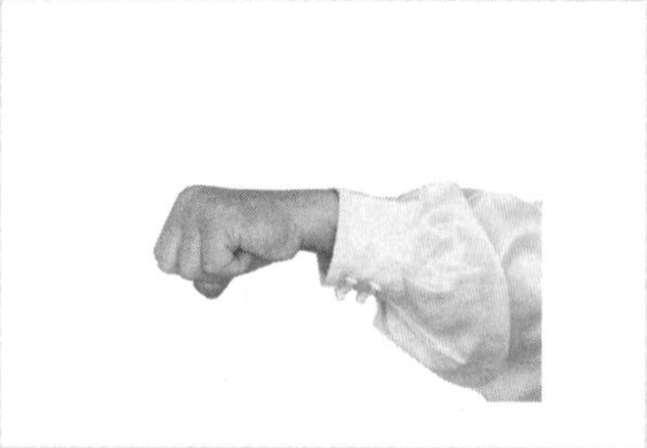

图1-1

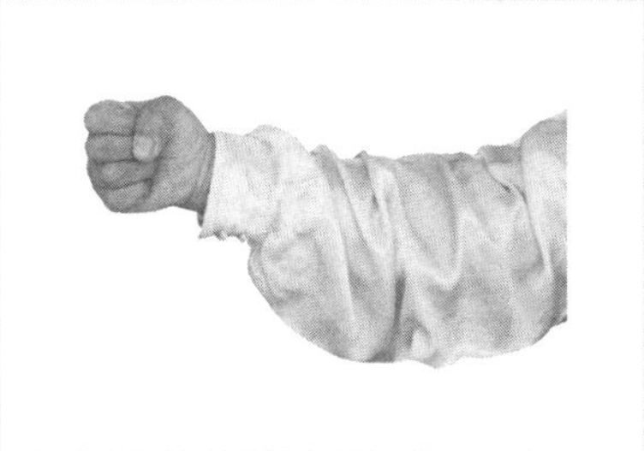

图1-2

立拳：拳眼向下，拳面向前。（图1-2）

（二）掌

五指并拢伸直，拇指稍微弯曲。器械用掌必须按照要求来练。练太极螳螂拳讲实用，练时五指稍微分开，手指稍弯曲。现在习武主要是健身强体，练起来应美观大方，立掌应五指并拢，步型架势要低。出掌力点多发在小指边沿，不过也有动作将掌心掌背作为出掌力点，如“勾打掌手雷”“白虎洗脸”力点在掌心，阳掌、叠掌力点在手背。以下为掌的基本动作。

立掌（图1-3）

图1-3

图1-4

推掌（图1-4）

劈掌（图1-5）

图1-5

（三）螳螂勾

王玉山大师常说："螳螂勾三一堆，俩一促。"（莱阳方言）拇指、中指、食指为一堆，中指、食指要直，两指尖稍微分开，大拇指按在中指食指第二节为一堆。无名指、小指为一促，两指弯曲稍分开，摆在中指与手腕中间，手腕弯曲。（图1-6）

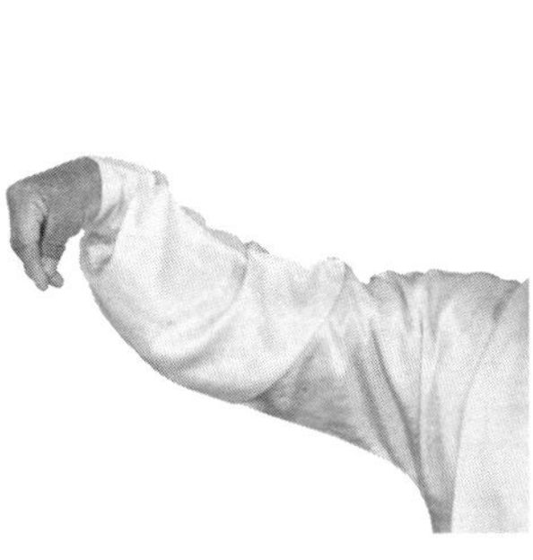
图1-6

螳螂左右勾（图1–7）

图1–7

八、太极螳螂拳步型

（一）金鸡独立步

图1–8

右掌向后、向下划立圆，目随右手转。在右掌划圆的同时左掌在胸前向右划圆，然后停在右腋窝处，立掌，掌心向右。右掌从后摆到下方时，右脚震脚，同时右手握拳向上直臂冲拳。快速向左转头，目视左方。在右拳向上冲拳的同时，左脚向上提起，大腿要水平，脚尖绷平停在右膝前，脚尖斜向右。右拳心朝向头部。身体直立站稳，为右独立步。（图1–8）

（二）左弓步

图1–9

左转身90°，左脚向左前迈一大步，膝关节弯曲90°，左脚尖内扣45°，后腿蹬直，脚尖向前斜45°，左脚尖与右脚后跟在一条直线上；同时，左拳向左、向下、向右、向上划一个立圆，直臂停在头左侧，拳心向右、向上；右掌变拳向右冲出，拳心向下，拳略高于肩；目视右拳。（图1–9）

（三）右虚步（寒鸡步）

图1–10

左脚向后撤一步，成右虚步；左腿弯曲下蹲，脚尖外摆45°，右腿稍微弯曲，脚尖内扣点地，脚跟外摆；两膝盖距离接近两平拳，右脚尖与左脚跟在一条直线上；双手变勾向后拉至左肩前，再变掌向前推出，右掌心斜向左，指尖与眼同高，左掌停在右臂内侧肘弯处，掌指稍高于肘弯；前后摆手时，目随手转。（图1–10）

（四）右踏鸡步

图1–11

左脚外摆成45°，左腿屈膝下蹲。右脚向前，脚尖抬起内扣，腿要伸直；右脚尖与左脚跟在一条直线上，两膝关节距离不能大于两平拳的距离；同时两手变螳螂勾从左向上、向右摆在身体右侧，右臂屈成100°，手腕弯曲勾尖向右下，左手勾停在右腋窝前，勾尖向下；头从左随双手勾向右转，最后目视右勾手。（图1–11）

（五）歇步

图1–12

向左转身90°，两腿屈膝下蹲，右腿屈膝90°在前；右手向后、向上内旋掌变勾停在身后，勾尖向上与腰同高；同时左手向左前划弧摆至高于头，掌心斜向上；两手臂成一条斜线，左手高右手低；向右转头目视右勾手。（图1–12）

（六）仆步

右转身90°，左手手心向上，向后、向上内旋变勾停在身后，勾尖向上；右手向后、向下、向上划立圆，停在头右侧并高于头，手心向前；双臂前后成一条斜线；同时右腿向右跨一步下蹲，左腿伸直，脚尖内扣，全脚掌着地；眼先跟左手走再跟右手转，然后快速转向左方。（图1–13）

图1–13

（七）三七步

两手变螳螂勾从右向上、向左摆在身体左侧，左臂屈成100°，手腕弯曲，勾尖向左下，右手勾停在左腋窝前，勾尖向下；同时右腿向右后一步下蹲，左腿伸直，脚尖内扣，全脚掌着地。眼先跟左手走再跟右手转，然后快速转向左方。（图1–14）

图1–14

（八）马步冲拳

左拳弧形上摆，拉至左方头外侧，拳心向上，左臂成弧形；右掌变拳向右冲出，拳心向前，稍高于肩；同时下蹲成马步，两脚平行，脚尖向前，两脚间的宽度为自己脚长的3～4倍，屈膝，大腿接近水平，两膝盖向前不能超出脚尖；目视右拳。（图1–15）

图1–15

九、太极螳螂拳腿法

（一）腿法

螳螂拳的腿法分明、暗两种。明腿是指弹、蹬、踹、勾等，练习时应做到腿要生风，腰胯膝要松。松腰能增大爆发力，松胯、松膝能使腿变得灵活，以便将腰劲更快地传到脚。松不是始终不变，松与紧要相互交替，力在爆发前要松，在爆发的瞬间要紧。暗腿是指手臂与膝、脚有机配合并用的一种不显于外的腿法，暗腿用力的方向总是和手臂用力方向相反。

（1）尖子脚：支撑腿直立或稍屈；另一腿由屈至伸，向前或向侧前方脆快有力地弹出，高不过胸，膝部挺直，脚面绷平；力达脚尖。（图1–16）

图1–16

图1–17

（2）侧踹：支撑腿直立或稍屈；另一腿由屈至伸，脚尖勾起内扣，侧向踹出，上体斜倾。低踹与膝平，中踹与腰平，高踹高过腰部；力达全脚掌。（图1–17）

（3）侧蹬：支撑腿直立或稍屈；另一腿由屈至伸，脚尖勾起，从支撑腿后侧向蹬出，脚尖斜向下，脚尖勾起向上。低侧蹬高与膝平，中侧蹬高与腰平，高侧蹬高过腰部；力达脚跟。

（4）后蹬：支撑腿直立或稍屈；另一腿由屈至伸，脚尖勾起向后上方蹬出，上体前俯。低后蹬高与膝平，中后蹬高与腰平，高后蹬高过腰部；力达脚跟。

（5）前蹬踹：支撑腿直立或稍屈；另一腿由屈至伸，脚尖勾起外展，向前蹬踹。低踹蹬高与膝平，中踹蹬高与腰平，高踹蹬高过腰部；力达全脚跟。（图1–18）

图1–18

（6）侧铲：支撑腿直立或稍屈；另一腿由屈至伸，脚尖勾起，脚掌内翻，向侧铲出。低侧铲高与膝平，中侧铲高与腰平，高侧铲高过腰部；力达脚外侧。

（7）勾踢：支撑腿直立或稍屈；另一腿由屈至伸，脚尖勾起内扣，脚跟擦地，在身前向后上方勾踢；力达踝关节内侧。

（二）膝法

（1）上顶膝：支撑腿直立或稍屈膝；另一腿屈膝，由下向上顶击；力达膝部。

（2）侧顶膝：支撑腿直立或稍屈膝；另一腿屈膝，由下向侧上方顶击；力达膝部。

第二章　太极螳螂拳基本功

第一节　三捶

一、预备式

1. 身体直立，两脚并拢，双臂下垂，掌指伸直，掌心向内；目视前方。（图2–1–1）

2. 两臂向前平伸，掌心向上。（图2–1–2）

3. 两掌握拳，屈肘分别收至腰间，拳心向上；目视前方。（图2–1–3）

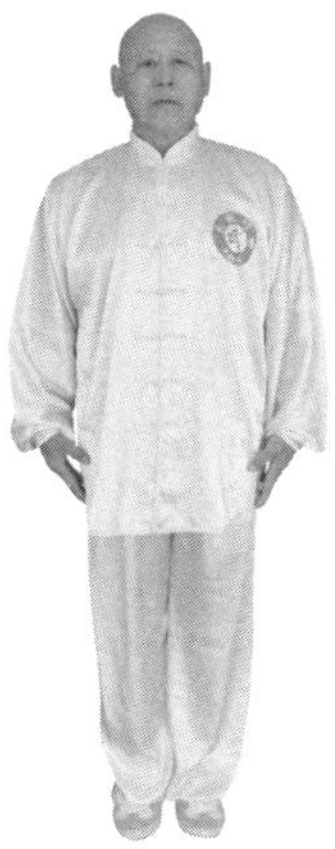
图2–1–1

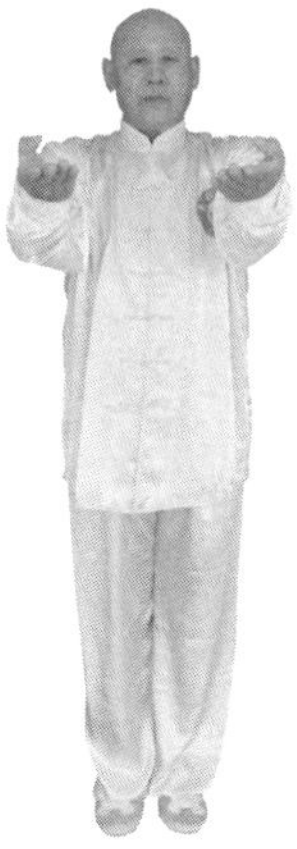
图2–1–2

图2–1–3

二、右弓步三捶

1. 身体右转90°，右脚向前进步成右弓步；右拳从腰间向前内旋，直臂冲出，快到终点时快速内旋冲拳，拳心向下（注意拳要握紧，拇指弯曲压在食指和中指第三节，拳背与前臂要平）；目视右拳。（图2–1–4）

2.右弓步不变；上体拧腰右转，左拳从腰间向前直臂冲拳，拳心向下；左拳冲出的同时，右拳外旋屈肘收至腰间，拳心向上；目视左拳。（图2–1–5）

3. 右弓步不变；上体拧腰左转，右拳从腰间内旋向前直臂冲拳，拳心向下；右拳冲出的同时，左拳外旋屈肘收至腰间，拳心向上；目视右拳。（图2–1–6）

图2–1–4

图2–1–5

图2–1–6

三、左弓步三捶

1. 右脚外摆45°，左脚向前进步成弓步，随即左脚内扣，上体拧腰右转；左拳从腰间向前直臂冲拳，拳心向下；左拳冲出的同时，右拳外旋屈肘收至腰间，拳心向上；目视左拳。

2. 左弓步不变；上体拧腰左转，右拳从腰间向前直臂冲拳，拳心向下；同时左拳外旋屈肘收至腰间，拳心向上；目视右拳。（图2-1-7）

3. 左弓步不变；上体拧腰右转，左拳从腰间向前直臂冲拳，拳心向下；同时右拳外旋屈肘收至腰间，拳心向上；目视左拳。

4. 向后转身180°；左拳外旋屈臂收至左腰间，拳心向上。随即右拳向前冲拳；变左蹬山步；目视右拳。

5. 向左转身90°，变马步；右拳外旋向上、向右拉至右肩上，拳心向左；左拳向左冲出；目视左拳。（图2-1-8）

注：左右蹬山步三捶可以重复向前移动练习，练到场地另一端，回身向后继续练习。

图2-1-7

图2-1-8

四、收式

右脚向左脚并拢；两拳收至腰侧，再变掌垂放于胯两侧；目视前方。（图2-1-9、图2-1-10）

图2-1-9

图2-1-10

第二节　五捶

一、预备式

1. 两脚并立，双臂下垂，五指并拢，掌心向内；目视前方。（图2-2-1）

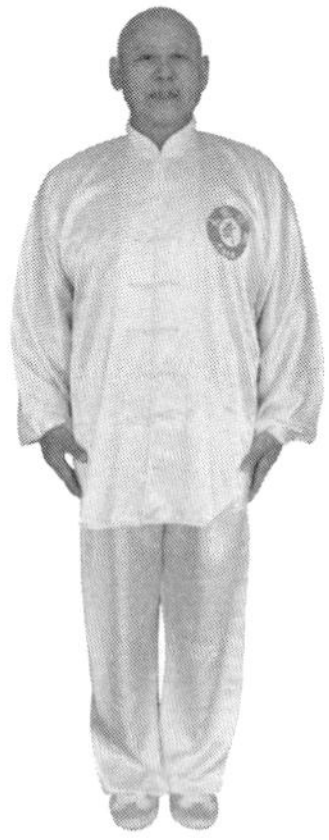

图2-2-1

2. 掌心向上，掌尖相对，双掌由丹田（脐下三寸之处）提至胸前；同时脚跟提起；吸气。（图2-2-2）

图2-2-2

3. 双掌向内翻转，掌心向下，双掌下按，气沉丹田；同时顿足；呼气。双掌变拳收至腰间，拳心向上；目视前方。（图2-2-3～图2-2-5）

图2-2-3

图2-2-4

图2-2-5

二、动作分解

1. 身体右转，右脚进步，左脚拖步，成螳螂步；左拳不动；右拳内旋向前冲出，稍高于肩，拳心向下；目视右拳。（图2-2-6）

图2-2-6

2. 右脚稍后撤，成右虚步；右拳外旋收至腰间，拳心向上；左拳内旋冲出稍高于肩，拳心向下；目视左拳。（图2-2-7）

图2-2-7

3. 右脚进步，左脚拖步，成螳螂步。左拳外旋收至腰间，拳心向上；右拳内旋向前冲出，拳心向下；目视右拳。（图2-2-8）

图2-2-8

4. 向前探身；左拳变掌内旋向右上再向下摆（此为左封手），掌心向下；右拳拉至腹前，拳心向后；目视前方。（图2-2-9）

图2-2-9

5. 右拳从左臂上向前冲出，与眼同高，拳心向后，拳背向前（此为右崩捶）；左手握拳收至右胸前；左脚跟抬起向前探身；目视右拳。（图2-2-10）。

图2-2-10

图2-2-11

图2-2-12

6. 右拳快速收回至右胸前方，拳心向后；左拳收至左腰间，拳心向上。向后撤身，踢出右脚与裆同高，脚面绷平（鸳鸯脚）；目视右脚。（图2-2-11、图2-2-12）

7. 微向左侧身，右脚落在左脚前。左脚向后撤成右虚步；双掌由上至下贴身划圆弧，回到初始位置，右手立掌，掌心斜向左，指尖与眼高，左手立掌摆至右肘内侧，掌心向右（此为右闭手）；目视右手。（图2-2-13、图2-2-14）

图2-2-13

图2-2-14

图2-2-15

8. 右掌外旋变拳收回至右腰间，拳心向上；左手握拳向前冲出，拳心向下。（图2-2-15）

9. 右脚向前进步，成螳螂步；左拳拉回左腰间，拳心向上；右手内旋向前冲拳，稍高于肩，拳心向下；目视右拳。（图2-2-16）

图2-2-16

10. 左脚向前进步，成螳螂步；右拳外旋收回至腰间，拳心向上；左拳内旋向前冲出，拳心向下。（图2-2-17）

图2-2-17

图2-2-18

11. 右脚进步，左脚拖步，成螳螂步；左拳外旋收回至腰间；右拳内旋向前冲出，稍高于肩，拳心向下；目视右拳。（图2-2-18）

12. 重复动作5至10。

13. 向左转身90°，左脚提起；左手变拳向前砸，拳轮向下；右拳拉至腰间；目视左拳。（图2-2-19）

图2-2-19

14. 左脚落地，向左转身，右脚进步成螳螂步；右拳由腰间由后向前抡出；左拳收至右肘处；目视右拳。（图2-2-20）

图2-2-20

15. 右脚向后撤，成右虚步；同时左拳内旋向前冲出，拳心向下；右拳外旋收至腰间，拳心向上；目视左拳。（图2-2-21）

图2-2-21

16. 进右步成螳螂步；右拳内旋向前冲出，拳心向下；左拳外旋收至腰间，拳心向上；目视右拳。（图2-2-22）

17. 重复动作5至10。

图2-2-22

三、收式

向右转身90°，右脚向左脚并拢；两手掌以往身体内侧划圆的方式收至腹前，掌心向下，再外旋收至胯两侧，掌心向内；目视前方。（图2-2-23）

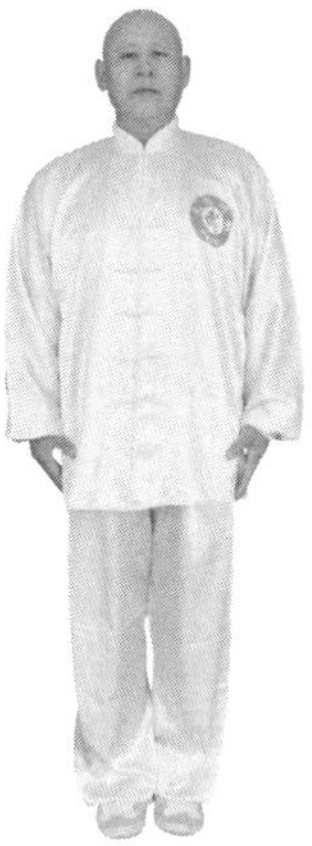

图2-2-23

第三节　斧刃脚

一、预备式

1. 两脚并立；双臂下垂，五指并拢，掌心向内；目视前方。（图2-3-1）

图2-3-1

2. 掌心向上，指尖相对，双掌由丹田（脐下三寸之处）提至胸前；同时脚跟提起；吸气。（图2-3-2）

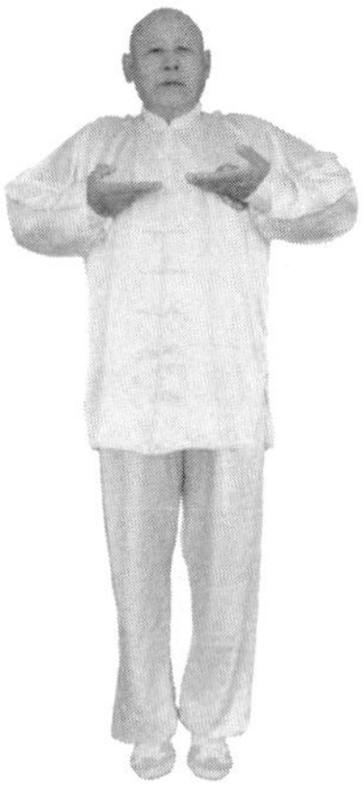

图2-3-2

图2-3-3

图2-3-4

3. 双掌向内翻转，掌心向下，下按至胯侧，气沉丹田；同时顿足；呼气。双掌变拳上提收至腰间，拳心向上；目视前方。（图2-3-3、图2-3-4）

二、动作分解

1.左脚向前一步成高弓步。随即身体右转，左拳屈臂右摆，拳与眼同高；右脚外摆向左侧前方踢出，与小腿骨中间位置同高；目视左前方。（图2-3-5、图2-3-6）

图2-3-5

图2-3-6

2. 右脚向后落成左弓步；右拳内旋向前冲出，拳心向下；左拳向左摆，收至左腰间，拳心向上。（图2-3-7）

图2-3-7

图2-3-8

图2-3-9

3. 右脚向前进一步，屈右臂，拳向左摆，拳与眼同高。随即左脚外摆向右侧前方踢出，与右小腿中间位置同高；目视右前方。（图2-3-8、图2-3-9）

4. 左脚向后落成右蹬山步；左拳内旋向前冲出，拳心向下；右拳向右摆，收至右腰间，拳心向上；目视左拳。（图2-3-10）

注：以上动作可反复移动练习到场地另一端，再回身练习。

图2-3-10

5. 向左转身180° ，成左弓步；屈左臂，拳向右摆，拳与眼同高；目视左手。随即右脚外摆向左侧前方踢出，与左小腿中间位置同高；目视左前方。（图2-3-11、图2-3-12）

图2-3-11

图2-3-12

6. 右脚向后落步变左弓步；右拳内旋向前冲出，拳心向下；左拳拉至左腰间，拳心向上；目视右拳。（图2-3-13）

图2-3-13

三、收式

1. 向右转身90°，右脚与左脚并拢，两手向外摆，手心向上；目视前方。（图2–3–14）

图2–3–14

2. 两手向上、向内、向下划弧收至胸前，手心向下；目视前方。（图2–3–15）

图2–3–15

3. 两手收至胯两侧，手心向内；目视前方。（图2–3–16）

注：以上动作可反复练习，练回起始位置后收势。

图2–3–16

第四节　鸯鸯脚

一、预备式

1. 两脚并立，双臂下垂，五指并拢，掌心向内；目视前方。（图2-4-1）

图2-4-1

2. 掌心向上，指尖相对，双掌由丹田（脐下三寸之处）提至胸前；同时脚尖着地，脚后跟提起；吸气。（图2-4-2）

图2-4-2

3. 双掌向内翻转，掌心向下，双掌下按，气沉丹田；同时，顿足，呼气。双掌变拳收至腰间，拳心向上；目视前方。（图2-4-3 ~ 图2-4-5）

图2-4-3

图2-4-4

图2-4-5

二、动作分解

1. 向右转身，左脚后撤成右虚步；右手推出成立掌，掌心斜向左，指尖与眼同高；左手立掌摆至右肘内侧，手指稍高于右臂，掌心向右（此为右闭手）；目视右手。（图2-4-6）

图2-4-6

2. 左掌拉至右腋窝处，掌心向右；屈右臂拉至左后上方。（图2-4-7）

图2-4-7

3. 左手不变；右掌由左上向右下劈出；同时，右脚提起，向前踢出鸳鸯脚，与裆同高，脚面绷平；目视前方。（图2-4-8）

图2-4-8

4. 微向左侧身，右脚落在左脚前；右掌在前，左掌在后。左脚向后撤步成右虚步；两掌由上至下贴身划圆弧，回到初始位置，右手立掌，掌心斜向左，指尖与眼同高；左手立掌摆至右肘内侧，手指稍高于右臂，掌心向右（此为右闭手）；目视右手。（图2-4-9、图2-4-10）

图2-4-9

图2-4-10

5. 重复动作5至7。

注：以上动作可以反复移动练习到场地另一端，再回身向后继续练习。

6. 向左转身180°，换另一方向练习，重复动作5至7。

三、收式

1. 向右转身90°，右脚与左脚并拢；两手向外摆，掌心向上；目视前方。（图2-4-11）

图2-4-11

图2-4-12

2. 两手向上、向内、向下划弧收至胸前，手心向下；目视前方。（图2-4-12）

3. 双手收于胯两侧，手心向内；目视前方。（图2-4-13）

注：以上动作可反复练习，练回起始位置后收势。

图2-4-13

第五节　小跷连蹬腿

一、预备式

1．两脚并立，双臂下垂，五指并拢，掌心向内；目视前方。（图2–5–1）

图2–5–1

图2–5–2

2．掌心向上，指尖相对，双掌由丹田（脐下三寸之处）上提；同时，脚尖着地，脚后跟提起；吸气。（图2–5–2）

3. 双掌向内翻转，掌心向下，双掌下按，气沉丹田；同时，顿足，呼气。双掌变拳收至腰间，拳心向上；目视前方。（图2-5-3～图2-5-6）

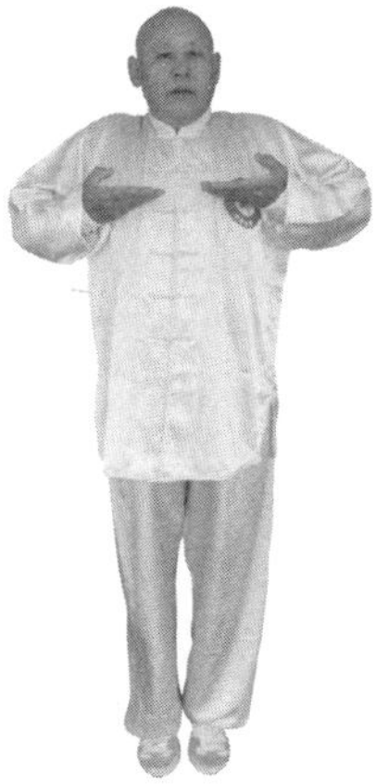

图2-5-3

图2-5-4

图2-5-5

图2-5-6

二、动作分解

1. 向右转身90°，左脚后撤成右虚步；右掌在前，左掌在后。两掌由上至下贴身划圆弧，回到初始位置，右手立掌，掌心斜向左，指尖与眼同高；左手立掌摆至右肘内侧，手指稍高于右臂，掌心向右（此为右闭手）；目视右手。（图2-5-7～图2-5-9）

图2-5-7

图2-5-8

图2-5-9

2. 左脚向右脚后撤一步，成倒插步；两掌落至右下方，右手掌心向上，左手掌心向下；目视右手。（图2–5–10）

图2–5–10

3. 两掌向右下、右上、左前、右下划弧，掌心向下；同时，右脚向右前方上步，成勾子脚。（图2–5–11～图2–5–13）

图2–5–11

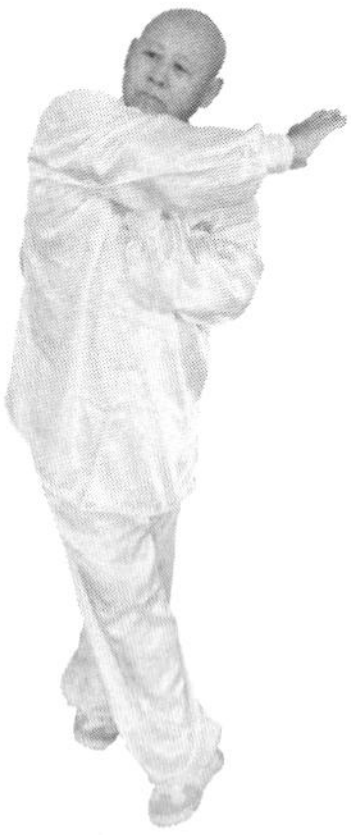

图2–5–12

图2–5–13

4. 向左转身90°，左脚后撤步；右手向前平伸；左手摆至右肘下（图2-5-14、图2-5-15）。

图2-5-14

图2-5-15

5. 左手贴右臂下侧穿出成立掌；右掌拉回至腰侧。（图2-5-16）

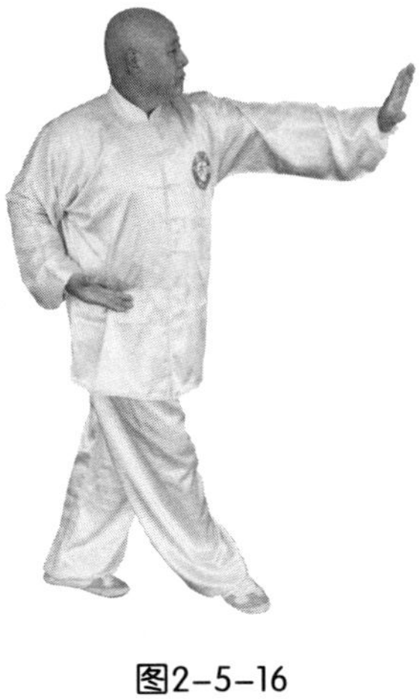

图2-5-16

6. 右腿先向左前方再向后摆，成左弓步；右手握拳向前方打出（右臂稍弯成寸拳）；左手握拳置于右臂弯处；目视右拳。（图2-5-17）

图2-5-17

7. 右脚向右前方进一步；双掌落至左前下方，左掌在前，右掌在后。（图2-5-18）

图2-5-18

8. 双掌向左下、左上、右前、左下划弧，左掌置于身前，右掌置于左胸前，掌心均向下；同时，左脚向前一步，成勾子脚。（图2–5–19 ~ 图2–5–21）

图2–5–19

图2–5–20

图2–5–21

9. 向右转身90° ，右脚后撤步；左手向前平伸；右手置于左肘下（图2-5-22）。

图2-5-22

图2-5-23

10. 右手贴左臂下侧穿出成立掌；左掌拉回至身侧。（图2-5-23）

11. 左腿先向前再向后摆成右弓步；左手握拳向前打出（左臂稍弯成寸拳）；右手握拳置于左臂弯处；目视左拳。（图2-5-24）

注：以上动作可反复练习到场地另一端，再回身继续练习到起点收势。

图2-5-24

三、收式

1. 向左转身90°，右脚与左脚并拢；两手向外摆，掌心向上；目视前方。（图2-5-25）

图2-5-25

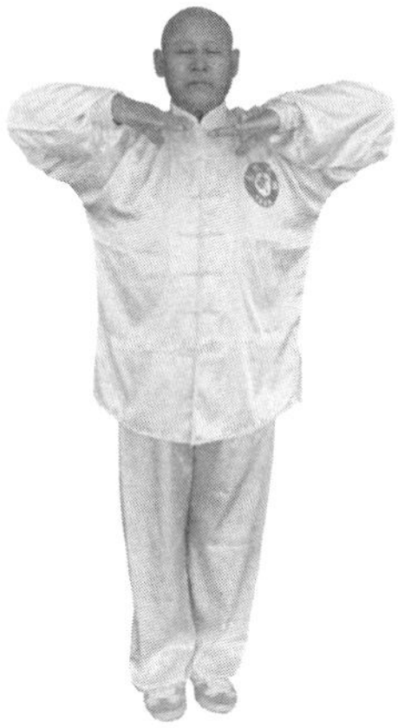

图2-5-26

2. 两手向上、向内、向下划弧收至胸前，手心向下；目视前方。（图2-5-26）

3. 双手收于胯两侧，手心向内；目视前方。（图2-5-27）

图2-5-27

第六节　十字劈

一、预备式

1. 两脚并立，两臂下垂，五指并拢，掌心向内；目视前方。（图2-6-1）

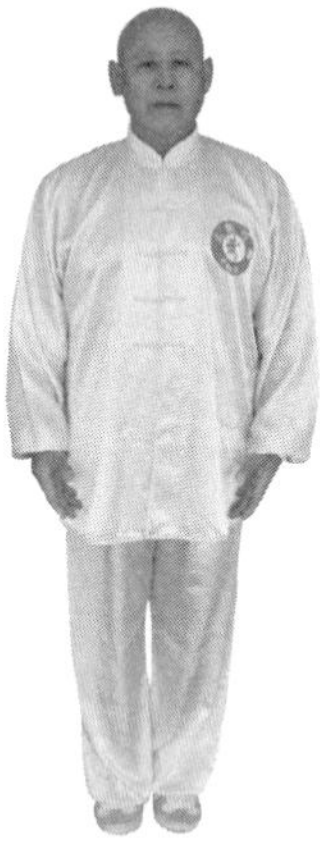

图2-6-1

2. 掌心向上，指尖相对，两掌由丹田（脐下三寸之处）提至胸前；同时，脚尖着地，脚后跟提起；吸气。（图2-6-2）

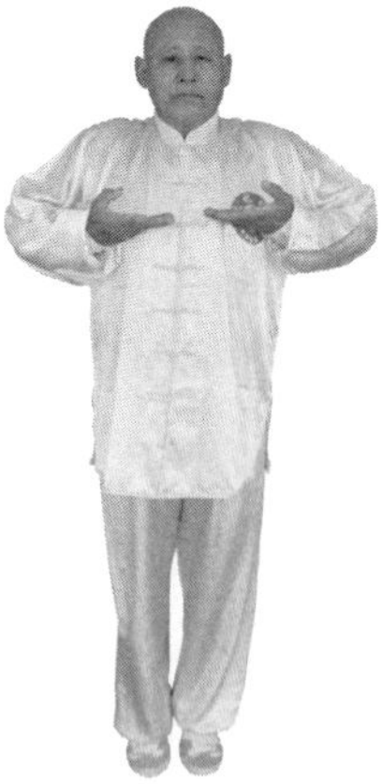

图2-6-2

3. 两掌向内翻转，掌心向下，双掌下按，气沉丹田；同时，顿足，呼气。两掌变拳收至腰间，拳心向上；目视前方。（图2-6-3、图2-6-4）

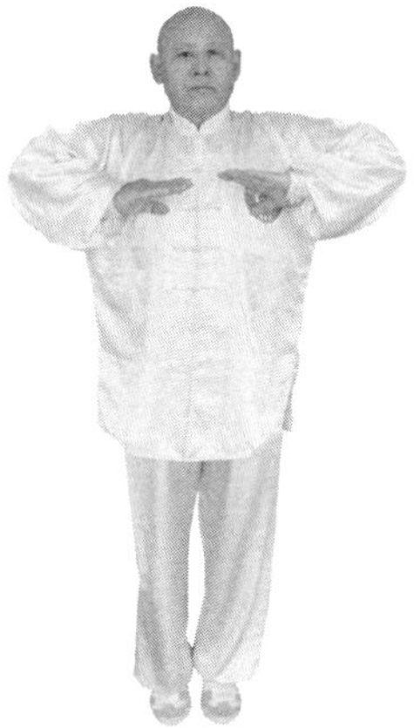

图2-6-3

图2-6-4

4. 向右转身90°，左脚后撤成右虚步；右掌在前，左掌在后。两掌由上至下贴身划圆弧，回到初始位置，右手立掌，掌心斜向左，指尖与眼同高；左手立掌摆至右肘内侧，手指稍高于右臂，掌心向右（此为右闭手）；目视右手。（图2-6-5）

图2-6-5

二、动作分解

1. 右手握拳先向右上方再向左前下方打去；左手置于身侧。（图2-6-6、图2-6-7）

图2-6-6

图2-6-7

2. 右手反手向右前上方打去；同时，右脚踢出，脚面绷直。（图2-6-8、图2-6-9）

图2-6-8

图2-6-9

3. 右脚落地，左脚向前进一步；左掌在前，右掌在后。两掌由上至下贴身划圆弧，回到初始位置，左手立掌，掌心斜向右，指尖与眼同高；右手立掌摆至右肘内侧，手指稍高于左臂，掌心向左（此为左闭手）；目视左手。（图2-6-10）

图2-6-10

4. 左手握拳先向左上方再向右前下方打去；右手置于身侧。（图2-6-11、图2-6-12）

图2-6-11

图2-6-12

5. 左手反手向左前上方打去；同时，左脚踢出，脚面绷直。（图2–6–13、图2–6–14）

注：以上动作可反复练习到场地另一端，再回身断续练习到起点收势。

图2–6–13

图2–6–14

三、收式

1. 向左转身90°，右脚与左脚并拢；两手向外摆，手心向上；目视前方。（图2-6-15）

图2-6-15

图2-6-16

2. 两手向上、向内、向下划弧收至胸前，手心向下；目视前方。（图2-6-16）

3. 两掌变拳收至腰间，拳心向上；目视前方。（图2-6-17）

图2-6-17

第七节　独门手独门脚（单手单脚）

1. 右脚在前成右虚步，右手伸出为立掌，掌心斜向左，指尖与眼同高；左手立掌摆至右肘内侧，手指稍高于右臂，掌心向右（此为右闭手）；目视右手。（图2-7-1）

图2-7-1

2. 屈右臂右手握拳向后回收，置于耳侧，随即猛然向前打出后快速收回；左手握拳置于腰间；同时，右脚踢出，脚面绷直。（图2-7-2、图2-7-3）

图2-7-2

图2-7-3

3. 右脚落地，左脚向前进一步，成左虚步；右手握拳置于腰侧（图2–7–4）。

图2–7–4

4. 屈左臂向后回收，置于耳侧。（图2–7–5）

图2–7–5

5. 左手握拳猛然向前打出后快速收回；同时，左脚踢出，脚面绷直。（图2–7–6）

图2–7–6

6. 左脚落地，右脚向前进一步成右虚步；两手成右闭手。（图2–7–7）

注：以上动作可反复练习。

图2–7–7

第三章　崩补

一、拳谱

（一）预备式
（二）闪步闪肋臂左右二阴阳
（三）转身左指路
（四）左刁右蹬踏
（五）左右双叫双邦掌
（六）右点左操变玉环
（七）左封右挑右补捶
（八）左封右叠肘
（九）左封右隔肘至膝
（十）顺手牵羊隔肘随
（十一）左插掌右补捶
（十二）漏展悬捶斜身向己
（十三）力劈华山至膝
（十四）臂肘牵牛割下左起朝天肘
（十五）顿肘搓捶左指路
（十六）左右点睛上步双捆
（十七）摘星换月
（十八）双分双捆
（十九）肋臂挂耳
（二十）阴阳叠掌
（二十一）右搓捶
（二十二）连环搓掌
（二十三）玉环步
（二十四）起身崩拳
（二十五）採发起膝
（二十六）左右斧刃脚
（二十七）右蹬踏
（二十八）挑抱插捶
（二十九）左右插肘
（三十）螳螂摇步挺身
（三十一）立正收势

二、动作分解与用法

（一）预备式

1. 两脚并立，两臂下垂，五指并拢，掌心向内；目视前方。（图3-1）

图3-1

图3-2

2. 掌心向上，指尖相对，双掌由丹田（脐下三寸之处）提至胸前；同时，脚后跟提起；吸气。（图3-2）

3. 两掌向内翻转，掌心向下，双掌下按，气沉丹田；同时，顿足，呼气。两掌变拳收至腰间，拳心向上；目视前方。（图3-3～图3-5）

图3-3

图3-4

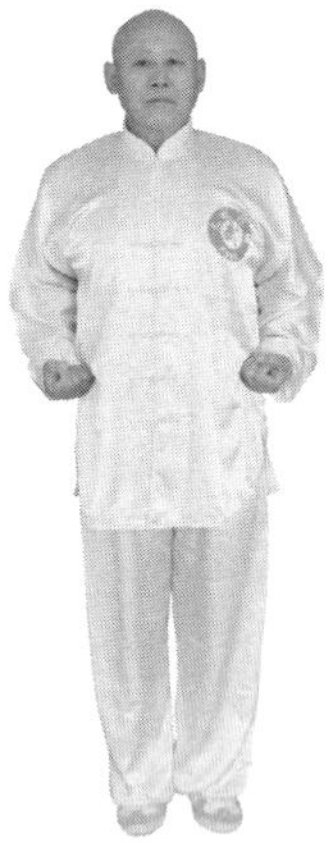

图3-5

（二）闪步闪肋臂左右二阴阳

1. 左手变掌向右上摆至眼高，随即向左前划弧。（图3-6）

图3-6

图3-7

2. 向左转腰，左脚向前上步，成螳螂步；同时，左手变勾向左上刁拉至头高；右手勾向左下打至裆高，勾顶向左；目视右手勾。（图3-7）

【用法】

我左手刁人右手腕，右手勾打裆，力点在左勾勾顶。

（三）转身左指路

向右转身，提右腿，脚面绷平成左独立步；右手变掌向前平伸；左手摆至右肘下。随即左手贴右臂下侧穿出成立掌，右掌拉回至腰侧；目视左手。

（四）左刁右蹬踏

向右转身90°，右脚先向前再向后蹬出；同时，左手变勾刁至左肩外，屈臂手高于头；右掌向右摆出，手掌与肋同高，掌心向上；目视右掌。（图3–8、图3–9）

图3–8

图3–9（附图）

【用法】

人右手招，我左手勾採，放右蹬踏步，右掌欲打对方左肋，力点在右掌小指边沿和右小腿（此为摔跤动作）。

（五）左右双叫双邦掌

1. 向右转身180°，右脚外摆在左脚前成盖步；同时，左手勾变掌，向前摆至腹前，掌心向上；右掌收至腹前，左掌在上，两手交叉，掌心向上；随身体目视前方。（图3-10）

图3-10

2. 向左转腰；两掌心向上、向左、向后叫。（图3-11）

图3-11

3. 左脚向前进步；同时，两掌向内、向下、向前翻转，左掌变拳，右掌推左拳背向前推出；随身体目视前方。（图3-12）

图3-12

4. 左脚回撤，身体下蹲；左拳变掌，两掌向下、向内翻转，左掌在上，右掌在下，两掌心向上。（图3–13）

图3–13

5. 起身，两掌向上、向右、向后叫，随即右掌变拳，右拳心、左掌心向右后方；目视右拳。（图3–14）

图3–14

6. 进右步；两手转向前，向前推出，右拳在前，左掌在后；目视右掌。（图3–15）

图3–15

【用法】

人右手来打我胸部，我中门两掌向左后叫，上右脚，进左小步，随反手用左掌打人心窝，人左手来，我双手向右后叫，进右小步，随反手用右掌打人心窝，力点在小指边沿。

（六）右点左操变玉环

1. 右脚向后撤，成右虚步；同时左拳内旋向前冲出，拳心向下；右掌变拳外旋收至腰间，拳心向上；目视左拳。（图3–16）

图3–16

图3–17

2. 进右步；右拳内旋向前冲出，拳心向下；左拳外旋收至腰间，拳心向上；目视右拳。（图3–17）

3. 向右扭腰转身成玉环步；左拳向前打出；右拳拉回腰侧；目视左手。（图3–18）

图3–18

4. 左脚向前一步，向左转腰；左拳摆至左肩外，高于头，拳心向外；右拳外旋向左摆出，与腰同高；目视右拳。（图3–19）

【用法】

人来右手，我用左手封，右手臂肘打锁口，人左手招，我左手偷展向左拉，用右拳轮打肋，力点在右拳拳轮。

图3–19

图3–20

（七）左封右挑右补捶

1. 起身。屈右臂右拳向右上挑；左拳变掌向右封；同时，提右腿；目视右拳。（图3–20）

2. 右拳收至胸前，再向前冲出，拳心斜向左。进右步；左手立掌摆至右肘内侧，掌心向右；目视右拳。（图3–21）

【用法】

人来手，我用右前臂向右挑，左手向右封，紧跟用右侧捶打人上部，力点在右拳拳面。

图3–21

（八）左封右叠肘

1. 接上式，我用右侧捶打上部，对方招架。我用右手勾其手腕，左手封住其前臂；随身体目视前方。（图3-22、图3-23）

图3-22

图3-23

2. 向前跳左步，提起右腿，成左独立步；右肘从上向下打出；左手扶在右前臂上；目视右肘。（图3-24）

图3-24

【用法】

人来手，我右手勾採，左手封对方来手，用右叠肘打对方上部，力点在右肘肘尖。

（九）左封右隔肘至膝

右脚落右步成螳螂步；右拳向右前打至与膝同高，拳心向左；左掌向右封后握拳摆至右拳后，拳心向右；目视右拳。（图3–25）

图3–25

【用法】

接上，我用右叠肘打人上部，人招或后退，我左手封，进右小步，右拳至底打对方的膝部，力点在右拳拳背。

图3–26

（十）顺手牵羊隔肘随

1. 向左后转身180°，起身，右脚向左脚后倒插步；两拳变掌向左伸出，左手在前，掌心向上，右手在后，掌心向下；目视左手。（图3–26）

2. 右转腰，撤右步成左仆步；两手握拳，右拳心向下、左拳心向上同时拉至身前；过程中眼随手走，动作完成后目视右手。（图3-27、图3-28）

图3-27

图3-28（附图）

【用法】

人后面来手，我左转回身右掌向下採住对方手腕，左掌向上抓住人手臂，双手顺势向右牵拉撤右步变左仆步，力点在双手。

3. 起身，跳右脚提左腿；屈臂左向左架，右拳向左前打出，拳轮向后；左掌扶在右前臂内侧，掌心向右；目视右拳。（图3-29、图3-30）

图3-29

图3-30（附图）

4. 落左脚，右拳内旋向前打出，拳心向前；左手握拳置于右胸前，拳心向下；目视右拳。（图3-31）

【用法】

人来手，屈左臂向左架起，用右隔肘打对方面门，力点在右拳轮。接上，我打隔肘，人后仰，我随即右拳内旋用扑肘打胸，力点在右拳拳根。

图3-31

图3-32

（十一）左插掌右补捶

1. 提左腿，脚面绷平；右拳外旋收至右腰间；左手变掌贴左耳向下劈。（图3-32）

图3-33

2. 向左转腰，左脚向前落成左弓步；左掌外旋收至左胸前再向前推出；目视左掌（图3-33）

图3-34

3. 右脚向前进成右弓步；右拳内旋向前冲出，拳心向左；左掌变拳收至右肘内侧，拳心向右；目视右拳。（图3-34）

【用法】

人来手我左手向左封，随即反手向前打出左插掌，力点在左掌小指边沿。人后退，我进右步，出右补捶打人前胸，力点在右拳拳面。

（十二）漏展悬捶斜身向己

1. 向后转身；我左手封；右拳变掌翻上用阳掌打面门；目视右掌。（图3-35）

图3-35

图3-36

2. 右掌变拳，我随翻手採住人手腕，左掌外旋变悬捶压人前臂，双手拉至右侧身前。随即向右转身90° 变马步；两拳分开，右拳心向下，左拳心向上。（图3-36、图3-37）

图3-37

3. 向左转身90° ，随蹿跳步进左蹬山步；同时，左手变勾内旋向左上方刁；右拳变掌向左摆出与耳门齐高，掌心向上；目视右掌。（图3-38）

图3-38

4. 向右转身进右螳螂步；同时，右掌变勾内旋向右刁；左手勾向右摆至裆高；目视左手。（图3-39）

图3-39

图3-40

5. 向左转身进左螳螂步；同时，左手变勾向左刁拉；右手勾向左摆至裆高；目视右手。（图3-40）

6. 向右转身进右螳螂步；同时，右手勾向右刁拉；左手勾向右摆至裆高；目视左手。（图3-41）

图3-41

【用法】

人来手我左手封，右手外旋出阳掌打面门。人来右手招架，我随用右手勾住手腕向后擒，屈左臂用悬捶向下压人外肘，力点在左拳拳背。人躲闪，左手勾採，出右掌打对方左耳门，力点在右掌小指边沿。人招，我用右手勾採，左手出臂肘，向右打锁口，力点在左勾勾顶。人右手招，我左手勾採，右臂肘打裆。人左手招，我右手勾採，左手用勾打裆，力点都在勾顶。

（十三）力劈华山至膝

向左后转身180° 成右仆步；同时，两手变掌由右向上、向左、向前劈下，右臂伸直，掌心向前，左掌落在右肘内侧，掌心向右；目视右掌。（图3-42～图3-44）

图3-42

图3-43

图3-44

【用法】

人后面来手，我左转回身左手封、右手劈，力点在右掌小指边沿。

（十四）臂肘牵牛割下左起朝天肘

1. 起身进左蹬山步；同时，右手勾採向后拉至右腹前，拳心向前；左肘向前打出；随身体目视前方。（图3-45）

图3-45

图3-46

2. 向左转身180°，左弓步不变；左手勾採向下拉；右肘向前打出；随身体目视前方。（图3-46）

【用法】

人来手，我右手勾採用左肘打人肋，人左手招，我左手勾採右肘打人肋，力点在双臂肘尖。

（十五）顿肘搓捶左指路

1. 右拳变掌向前伸出；左手不变；目视右掌。（图3–47）

图3–47

图3–48

2. 向右转身90° 变马步；右手握拳向上冲出，拳心向下；左拳向左冲出，拳心向前；目视左拳。（图3–48）

【用法】

接上，我出右掌扑打人面，人招，粘手向右刁，我出左搓捶打肋，力点在拳面。

（十六）左右点睛上步双捆

1. 起身右转；右拳变掌，掌外旋后变拳（採对方手腕动作）；左拳置于右胸前。（图3-49）

图3-49

图3-50

2. 左脚向前一步，成左踏鸡步；右拳收至腰间，拳心向上；左拳向前冲出，拳心向下；目视左拳。（图3-50）

3. 左拳由左臂提起一定角度后向下落，随即两拳变掌，掌外旋后再变拳（採对方手腕动作）。（图3-51）

图3-51

4. 右脚再向前一步成右踏鸡步；左拳收至腰间，拳心向上；右拳内旋向前冲出，拳心斜向下；目视右拳。（图3-52）

图3-52

【用法】

我出右捶打人上部，人来手招，我屈右臂向右挂出，随左手向右打圈捶，速向前打眼睛，力点在左拳轮。人来左手，我屈左臂向左挂，随右手向左打圈捶，速向前打眼睛，力点在右拳轮，圈捶力点在拳眼。

（十七）摘星换月

1. 进左蹬山步；同时，两手变掌向前送出，左手掌心向上，右手掌心向下；目视两掌。（图3-53）

图3-53

2. 右转身，右脚向后撤成左仆步；两手握拳拉至右腿前；目视左拳。（图3-54、图3-55）

图3-54

图3-55（附图）

3. 起身成螳螂步；右手食指和中指分开与两眼同宽，向前插出，手心向下；同时，左拳收于右肘内侧；目视右手。（图3-56）

图3-56

图3-57

4. 变左虚步；同时，右手收回至头右侧；左手食指和中指分开与两眼同宽，向前插出，手心向下；目视左手。（图3-57）

【用法】

人来右手，我右手掌心向下拿住对方手腕，左手掌心向上拿住对方手臂向右后刁拉，起身，用右手中指和食指刺其双眼。人招，我粘手向后擒，紧跟用左手中指和食指刺向对方双眼，力点在双手中指和食指。

（十八）双分双捆

1. 两手变掌，掌心相对向上、向两侧分开，随即踢鸳鸯脚；随身体目视前方。（图3–58）

图3–58

图3–59

2. 向前落步，两手变拳先向前再向右摆，右拳心向左，左拳心向右；目视右拳。（图3–59）

【用法】

人来双手打我上部，我用双手将其从中间向上、向两边分开，随即起鸳鸯脚踢裆，紧接着用右拳背向前、向右打对方的外膝。

（十九）肋臂挂耳

起身左转成右虚步；右拳向上、向左摆至耳门高，拳心斜向下；左拳变掌向左、向上摆至右臂内侧；目视右拳。（图3-60）

图3-60

【用法】

人来左手，我左手封，用右圈捶打对方左耳门，力点在右拳拳眼。

（二十）阴阳叠掌

1. 右转身，进右脚成右弓步；右拳变立掌向前打出，与面门同高，掌心向后；左掌扶在右腕上，掌心向下；目视右掌。

2. 起身；左掌向前、向上架，再回到右肘内侧，掌心向右；右掌内旋从左手下向前打出，高于头部；目视右掌。

【用法】

人来手打我胸部，我左手向下封，右手反上用阳掌打面门，力点在右手背。接上，人招，我左手上架，右掌反下用阴掌打胸，力点在右掌根。

（二十一）右搓捶

左脚向后撤成右螳螂步；左手向前、向下封，掌心向下；右掌变拳向前打出搓捶，拳心向下；目视右拳。（图3-61）

图3-61

【用法】

接上，我打阴掌，人招，我左手向下封随出右搓捶打面门，力点在拳面。

（二十二）连环搓掌

1. 右拳变掌向后勾拉至身前；左掌向前打出，掌心向前；目视左掌。

2. 随即左手外旋掌心向上，右手掌心向下，两掌相搓向前打出，右手掌心向前，左掌收在胸前，掌心向上；目视右掌。

【用法】

接上，我打右搓捶，人招，我右手向后，人勾拉，随出左掌打面门，人仰身躲闪，随用右掌打胸部，力点在双掌小指边沿一侧。

（二十三）玉环步

左掌向右前方伸出；向右扭腰变玉环步（图3-62）。随即进左小步向左扭腰转身；左手变勾向左摆至与头同高；右掌外旋向左推出与腰同高；目视右掌。

【用法】

接上，我出右掌打胸，人来手招架，我左手勾採向左刁拉，右掌打人腰部，力点在右掌小指边沿（此为摔跤动作）。

图3-62

图3-63

（二十四）起身崩拳

抬起右脚；左手封对方来手；右手向上崩拳打面门；目视右拳。（图3-63）

【用法】

人来手打我下部，我左手向下封，出右崩拳打面门。

（二十五）採发起膝

我打右崩拳人躲闪，我右手内旋，双手採发向下拉；抬起右膝，脚面绷平。随即两手握拳拉至膝两侧；随身体目视前方。

【用法】

接上，我打崩捶人躲闪，我右掌内旋，两手抓发向下拉，同时提右膝顶面，力点在右膝。

（二十六）左右斧刃脚

1. 右脚落地；两手变掌向右前方摆出，右掌在前，掌心向上，左掌在后，掌心向下。随即双手握拳向左后拉；同时，左脚提起，脚尖外摆向右踢出，与右腿膝关节同高；目视右手。（图3-64、图3-65）

图3-64

图3-65

图3-66

2. 左脚落地，向左转身；两手变掌向左前方摆，与胸同高，左手在前，掌心向上，右手在后，掌心向下。随即双手握紧拉至右腰间；同时，右脚提起，脚尖外摆向左踢出；目视两手。（图3-66）

【用法】

人来左手，我左手拿住手腕，右手拿住对方左臂向左刁拉，用左斧刃脚踢对方左小腿骨。人来右手，我右手拿住人手腕，左手採住对方右臂向右拉，用右脚踢对方右小腿骨，力点在双脚大拇指侧。

（二十七）右蹬踏

右脚先向后再向前摆出，扭正腰；左拳变掌立掌向前伸出；右拳收于右腰间。屈右臂握拳向前推出，拳心向前；左掌变拳置于右胸前，拳心向下；目视右拳。（图3–67、图3–68）

图3–67

图3–68

【用法】

我用斧刃脚，人漏，向后用力退，我右脚插在人右腿后借力放蹬踏步，用右掌根打对方胸部，力点在右掌掌根。

（二十八）挑抱插捶

1. 起身提左腿；右拳收至右腰间；左拳变掌先向右后再向左摆；目视左掌。（图3–69）

2. 落左步；右拳向左前下方打出，拳心向内；左掌置于左胸前，掌心向右；目视右拳。

【用法】

接上，我用蹬踏步把人打倒，人倒地起脚，我落左小步，左手封人的脚，用右捶打对方面门或心窝，力点在右拳拳面。

图3–69

（二十九）左右插肘

1. 左转身向前进步，右脚成盖步；右拳收于腰间，拳心向上；左掌变拳向前、向上挑至与嘴同高，拳心向内；目视左拳。

2. 左脚进步成左踏鸡步；左拳内旋向下，再向前打至心窝高，拳心向左；右拳不变；目视左拳。

3. 向左扭腰转身；左拳外旋收至腰间，拳心向上；右拳向前、向上打至嘴高，拳心向内；目视右拳。

4. 右脚向前进步成右踏鸡步；右拳内旋向下，再向前打至心窝高，拳心向右；目视右拳。

【用法】

人来手我右手封，左捶上挑打对方下颌，对方向后仰身躲闪，下部必露破绽，我左手反手用插肘打心窝，力点在左拳拳面。人来右手，我左手封，进右踏鸡步，右捶上挑打对方下颌，对方向后仰身躲闪，下部必露破绽，我反手用插肘打对方心窝，力点在右手拳拳面。

（三十）螳螂摇步挺身

1. 接上式，向后转身；打插肘，左拳变掌下压；右拳变勾向前点出；目视右手。（图3-70）

图3-70

图3-71

2. 右手点出。向右扭腰变玉环步；出左手刁採；随身体目视前方。（图3-71）

3. 左手勾向左摆出，高于眼眉；右掌向左摆至与胸同高；同时，左脚勾脚向右踢出；目视右手方向。（图3-72）

图3-72

【用法】

人来右手我左手封，出右臂肘打锁口，人左手上架，我左手勾採，起左脚向右踢对方右小腿，右手砍向对方的左肋，力点在右掌小指边沿。

（三十一）立正收势

1. 向左转身落左脚，右脚上步并拢；两手下落向两边分开，掌心向内；目视前方。

2. 两掌均内旋以划圆方式收至腹前，随后掌心向下，两掌外旋落至胯旁，五指并拢，掌指向下，掌心向内；目视前方。（图3–73）

图3–73

第四章　乱接

一、拳谱

（一）预备式
（二）五打连环劈
（三）左右二阴阳
（四）双提双剁
（五）秀女引针
（六）斜挑抱肘螳螂勾子玉环步
（七）左右外良捶
（八）右提天分双合折
（九）左插掌右补捶
（十）斜分盘肘
（十一）托臂补心掌
（十二）左右玉女穿梭
（十三）连环搓捶
（十四）撩搜挂耳圈捶
（十五）左封右崩捶
（十六）左勾右搓捶
（十七）左封右提折
（十八）偷展海底取宝
（十九）左封右力劈
（二十）左封右叠肘
（二十一）双悬捶
（二十二）左右走马双扣
（二十三）螳螂摇步斩
（二十四）斜步挺身
（二十五）立正收势

二、动作分解

（一）预备式

1. 两脚并立；双臂下垂，五指并拢，掌心向内；目视前方。（图4-1）

图4-1

2. 掌心向上，掌尖相对，双掌由丹田（脐下三寸之处）提至胸前；同时，脚后跟提起；吸气。（图4-2）

图4-2

3. 双掌向内翻转，掌心向下，双掌下按，气沉丹田；同时，顿足，呼气。双掌变拳收至腰间，拳心向上；目视前方。（图4-3、图4-4）

图4-3

图4-4

（二）五打连环劈

1. 右腿弯曲，左腿向前伸出，左脚尖抬起向内勾脚成左踏鸡步；随身体目视前方。（图4–5）

图4–5

图4–6

2. 左踏鸡步不变；右手变勾向身前提至与下颌同高，勾尖向下；左手变掌摆至右肘内，掌心向右；目视右手。（图4–6）

3. 踏鸡步与左掌不变；右手勾变掌向下劈至与胸同高；目视右掌。（图4–7）

图4–7

4. 下肢动作不变；右掌变勾向左摆至与嘴同高，勾顶向左；左掌置于胸前，掌心向右；目视右手勾。

5. 踏鸡步与左掌不变；右手变掌向右摆至与嘴同高，掌心斜向下；目视右掌。

6. 踏鸡步不变；右掌变勾内旋提至右后上方；左掌向右封；目视左掌。（图4–8）

图4–8

图4–9

7. 右手勾变掌向前劈；左掌置于胸前，掌心向右；目视右掌。（图4–9）

【用法】

人来手，我右手勾採，左手向右封，起右手勾，打对方下颌，力点在勾顶。对方仰身躲闪，我右手勾速变掌向下打胸部，力点在掌根。对方招架，我即右手变勾向左打对方左脸腮，力点在勾顶。对方躲闪，我回右手变掌向右砍对方的右脸腮，力点在小指边沿。人招，我左手封右手刁，随即落右掌劈面门，力点在小指边沿。

（三）左右二阴阳

1. 身体右转，左踏鸡步不变；右掌变勾屈臂向右摆至右肩外侧，右手勾高于眼眉，勾尖向右下方；左手变勾摆至右腋窝前，勾尖向下；目视右手勾。（图4-10）

图4-10

图4-11

2. 左踏鸡步不变，向左转身；左手变掌屈臂向左上摆至左肩外侧，随即变左手勾，高于眼眉；右手变掌，向左再变勾摆至左腋窝下方；目视左手勾。（图4-11）

【用法】

人来左手，我右手在前、左手在后向右勾拿；人来右手，我左手在前、右手在后向左勾拿。

（四）双提双剁

1. 右脚震脚，左脚抬起，脚尖向右，成左踏鸡步；同时，两手勾不变，向右上提起，勾尖向下，勾顶与嘴同高；目视双手勾。（图4–12）

图4–12

图4–13

2. 左踏鸡步不变；同时，两手变掌向下落至与胸同高；掌心向前；随身体目视前方。（图4–13）

【用法】

我用双手勾顶打对方下颌，对方仰身躲闪，紧接变双掌猛剁对方胸部，力点在双掌掌根。

（五）秀女引针

1. 右掌收回置于腰间；左掌不变；随身体目视前方。（图4–14）

图4–14

图4–15

2. 右脚向前进步，左腿拖步成螳螂步；同时，左掌收回置于腰间；右掌向前推出；目视前方。（图4–15）

3. 起身，左脚向前成勾子步；左手从右臂下方向前穿出成立掌；右掌收回置于腰间。（图4–16）

图4–16

【用法】

我用左手指刺向对方心窝，人招，我右手勾採，出左掌打面门，力点在左掌小指边沿。

（六）斜挑抱肘螳螂勾子玉环步

1. 向左转身，左脚外摆，右脚提起；同时，屈臂右拳向前、向上、向右挂出，拳心向左，高于眼眉；左手握拳置于右胸前；目视右拳。

2. 向左转身；右拳向前伸出变掌，掌心向上；左拳变掌沿右臂下穿出。随即，右掌变拳收回置于腰间，拳心向上。（图4–17）

图4–17

图4–18

3. 右腿伸直，向前再向后摆出落地；同时，屈右臂向左扭腰打出盘肘，摆至右胸前，拳心向下，左手扶在右前臂外侧；目视右肘。（图4–18）

图4–19

4. 向左转身下蹲变玉环步；同时，两手变勾向右摆出，屈右臂，右手勾在前，勾尖向下，左手勾在右肘内侧，勾尖向下。（图4–19）

【用法】

①人来右手打我上部，我左手拿其手腕，屈右臂，挑对方右肘外关节。我右脚插向对方右脚后，破对方小腿，同时用右盘肘击打对方胸部。

②人来右手，我右手採住手腕，左手拿住手臂向右勾拉。

（七）左右外良捶

1. 稍向左转身，左脚向前，脚尖内扣，成左踏鸡步；同时，左手勾变拳向左横摆；右手向左封落在左肘内；目视左拳。

2. 向左稍扭腰，右脚向前进步，勾脚向左跷；右手握拳向右横摆，拳心向左；左拳向右封摆至右臂内侧，拳心向右；目视右拳。（图4-20）

图4-20

【用法】

人来右手，我右手封，用左拳背打对方上部，左脚向右跷。人来左手，我左手封，用右拳背打对方上部，右脚向左跷，力点在两拳拳背。

（八）右提天分双合折

1. 向左后转身180° ，左脚向前一步，脚尖外摆；右手变勾向前点出与嘴同高，勾尖向后；左手变勾收在右胸前；目视右手勾。

2. 左脚向前一步成左踏鸡步，脚尖向右；右手勾收至右肩外侧，勾高于头顶，勾尖斜向下；左手勾向前打出与胸齐平，勾尖向右；目视左手勾。（图4-21）

图4-21

3. 左脚向前进步；左手勾变掌向下封，收至右臂内侧，掌心向右；右手勾变掌向前劈，掌心向左；随身体目视前方。（图4–22）

【用法】

人从后面来攻击我，我左转回身，用右臂肘打锁口，人后仰身，左手紧跟用臂肘打胸部，力点在双手勾顶。我打左臂肘，人招，我左手封，用右掌从面门劈下，力点在右掌小指边沿。

图4–22

（九）左插掌右补捶

1. 起身；左掌提至耳后侧；右掌变拳置于腰间，拳心向上（图4–23）。随即提左腿，脚面绷平；左手由上向下打。

图4–23

图4–24

2. 左脚向前进步成螳螂步；左掌向前推出；右拳在腰间不变；目视左掌。（图4–24）

3. 右脚进步；右拳内旋向前冲出，拳心向左；左掌收至右胸前；目视右拳。

【用法】

人来手，左手勾採，进左步，用左掌打心窝，力点在左掌小指边沿。人躲闪，紧接上步，用右捶打上部，力点在拳面。

（十）斜分盘肘

1. 左脚向前一步，右脚提起，脚尖绷平；屈右臂向后摆；同时，左掌于右臂下向前摆出，掌心斜向下；目视左掌。（图4–25）

图4–25

图4–26

2. 向左扭腰转身，右腿先向前再向后蹬出；屈右臂向前摆出，右拳置于胸前，拳心向下；左掌扶在右腕处；目视左掌。（图4–26）

【用法】

接上，我打右补捶，对方来手招架，我用左手向左封，右步向后放蹬踏步，用右盘肘打对方心窝，力点在肘尖。

（十一）托臂补心掌

1. 向右转身；右拳外旋向右摆；左掌置于左腰侧；目视右拳。（图4-27）

图4-27

图4-28

2. 提右腿；右拳内旋向左上摆至耳门高，拳心向下；左掌扶在右腕处；目视右拳。（图4-28）

3. 稍右转，向前进右步成螳螂步；双手向前推出，左掌扶在右腕处；目视右掌。（图4-29）

图4-29

【用法】

人来手攻击我中门，我右手向右捆，随即反上用圈捶打人耳门，力点在右拳眼。紧接双手向前推出托臂补心掌打心窝，力点在右拳。

（十二）左右玉女穿梭

1. 向左后转身180°，右脚向前进步，脚尖外摆；右拳变掌向左封，掌心向左；左掌收至右胸前，掌心向右；目视右掌。

2. 左脚向前进步成左踏鸡步；左手变勾向左摆出，勾尖向右；右掌摆至右胸前，掌心向下；目视左手勾。（图4-30）

图4-30

图4-31

3. 右脚向前进成右踏鸡步；左手向右封，摆至右臂内侧；右手变勾向右摆出，勾尖向左；目视右手。（图4-31）。

【用法】

人后面来手，我回身右手向左封，用左臂肘打锁口，同时左脚向右跷，力点在左手勾顶。人来手招架，我左手向右封，右脚向左跷，用右臂肘打锁口，力点在右手勾顶。

（十三）连环搓捶

1. 右手由勾变掌，掌外旋后变拳（采对方手腕动作）。左脚向前一步成左踏鸡步；左手变拳，在右拳回至腰间的同时向前冲出，拳心向下；目视左拳。（图4–32）

图4–32

图4–33

2. 左拳由左臂提起一定角度后向下落。随即两拳变掌，掌外旋后再变拳（采对方手腕动作）。（图4–33）

3. 右脚再向前一步成右踏鸡步；左拳外旋收至腰间；右拳内旋向前冲出，拳心向下；目视右拳。（图4–34）

图4–34

【用法】

人来右手，我右手勾拿对方手腕外旋，向右后刁，上左步再进右踏鸡步，出左搓捶打锁口，人左手来封，我左手勾对方左手外旋，向左后刁，用右捶打锁口，力点在两拳拳面。

（十四）撩搜挂耳圈捶

1. 向左转身成左仆步；右拳变掌向上、向下划弧摆至头上；左拳变掌向身体内侧划弧至距地面一拳距离；目视左方。（图4–35、图4–36）

图4–35

图4–36（附图）

2. 左转身成螳螂步；右手握拳向右刁拉；左手握拳向前、向左摆至与裆同高；目视左拳。（图4–37）

图4–37

图4–38

3. 向右转身成左侧身寒鸡步；左手握空心拳向右摆至右额前侧；右拳变掌打在左拳眼处；目视左方。（图4–38）

【用法】

人左面双手打来，我左转回身，用双手把对方双手向两边分开，用左拳打对方的裆部，力点在左拳拳轮。随后用左空心拳打对方的右耳门，力点在左拳眼。用右掌打对方左耳，力点在右掌掌心。

（十五）左封右崩捶

1. 向左转身；右掌向左下封，随即收回腰间变拳；左拳向前崩与眼同高，拳背向前。（图4-39）

图4-39

图4-40

2. 左拳收回腰间；右拳自腰间向前打出。（图4-40）

【用法】

人来右手，我左手向下封，右手出崩捶打对方面门，力点在拳背。

（十六）右勾左搓捶

右拳内旋变掌向后勾拉收在左胸前，随即变拳，拳心向下；左拳内旋向前冲出，拳心向下；目视左拳。

【用法】

接上，我打右崩捶，人来手招架，我用右手内旋勾住对方左手腕向后刁拉，用左搓捶打对方面门，力点在左拳拳面。

（十七）左封右提折

1. 右腿提起成左独立步；左拳变掌内旋向左封；右拳内旋向右上摆；目视左掌。（图4–41）

2. 左独立步不变；右拳外旋向左摆至耳门高，拳心向后；左掌外旋向右扶在右前臂内侧；目视右拳。

【用法】

人来手，我左手用掌封，右手握拳内旋，用手腕格出对方的手腕，右手外旋反上用拳轮打对方耳门，力点在右拳拳轮。

图4–41

（十八）偷展海底取宝

接上式，向左转身约270°，侧身成踏鸡步；左手变勾拉至左肩外，与眼眉同高，勾尖向左；右手变掌向右侧砍，掌心向后；目视右掌。（图4–42）

【用法】

接上，我用右拳打对方左耳门，人躲闪或来手，我左手勾採，随右手向右，用侧掌打裆，力点在右掌小指边沿。

图4–42

（十九）左封右力劈

向右转身90°，右掌收于身前；左手勾变掌向前、向下封。随即右脚向前进步成螳螂步；右掌向前劈，掌心向前；目视右掌。（图4–43）

【用法】

人来手打我心窝，我用左手向下封，用右掌劈对方面门，力点在右掌小指边沿。

图4–43

（二十）左封右叠肘

1. 接上式，我用右掌劈对方面门，对方招架，随即用右手勾其手腕，左手封住前臂；随身体目视前方。（图4-44）

图4-44

图4-45

2. 向前跳左步，提起右腿成左独立步；右肘从上向下打出；左手扶在右前臂上；目视右肘。（图4-45）

【用法】

接上，我用右掌劈面门，对方招架，我封住人手，用叠肘打对方胸部，力点在肘尖。

（二十一）双悬捶

右手变掌，两掌摆向两边，划弧后两手握拳向前、向上打至与面门同高，两拳心向后；同时向前落右脚；目视双拳。（图4-46）

【用法】

人来双手打我上部或面部，我双手在人两手中间向上、向两边把人手分开，随后用双拳打对方下颌，力点在双拳拳面。

图4-46

（二十二）左右走马双扣

1. 向左后转身180° 成螳螂步；同时右拳变掌向前摆出，掌心向上，掌指向前；左拳内旋变掌扶在右肘上，掌心向下，掌指向右；随身体目视前方。（图4–47）

图4–47

图4–48

2. 右脚向前一步成盖步；右掌握拳内旋向后拉，拳心向下；左掌握拳外旋拉至右手前，拳心向上；目视左手。（图4–48）

3. 左脚向前一步成左踏鸡步；左拳内旋，拳心向下，双手同时向前推出，右拳面顶在左拳拇指侧，拳心向下；目视双拳。（图4–49）

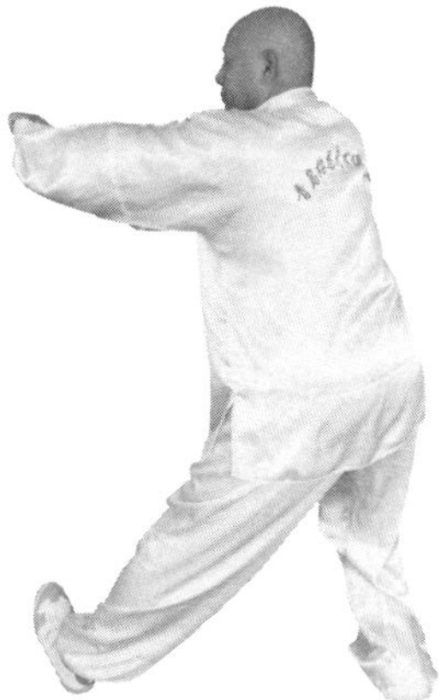

图4–49

4. 左踏鸡步不变；左拳外旋变掌，掌心向上；右拳变掌，掌心向下；目视双手。随即向左扭腰变玉环步；左手内旋握拳向左后拉，拳心向下；右拳外旋在左拳前，拳心向上；目视右拳。（图4–50）

图4–50

5. 右脚向前进步成右踏鸡步；右拳内旋，拳心向下，向前推出；左拳变掌顶在右拳背；目视右拳。（图4–51）

图4–51

【用法】

人左手打来，我右手拿住人手腕，左拳背压人前臂向后拉，人向后用力，我借劲用双邦向前推人上部，用左脚勾住对方脚跟，力点在左拳拳轮。

人来右手，我左手拿住人手腕，右拳背压人前臂向后拉，人向后用力，我借劲用双邦向前推人上部，用脚勾住对方脚后跟，力点在右拳拳轮。

（二十三）螳螂摇步斩

1. 右踏鸡步不变；左掌向右封，随即握拳摆至右胸前；右拳变勾向前点出，勾尖向后；目视右手。

2. 向右扭腰转身成玉环步；左拳变掌向前推出变勾；右手勾拉回左胸前变掌；目视左手勾。（图4–52）

图4–52

3. 左脚向前进步成螳螂步，向左扭腰转身；左手勾摆至左侧，与头同高，勾尖向左；右手变掌向左下推出，掌心斜向下；目视右掌。（图4–53）

图4–53

【用法】

人来右手打我，我左手封，用臂肘打人锁口。人来左手招架，我用左手勾采，用右掌向左、向前推出，力点在右小指边沿。

（二十四）斜步挺身

1. 向右后转身180°，右脚外摆；左手勾变掌向右封，掌心向右；右掌变勾收至身前；随身体目视前方。（图4-54）

图4-54

图4-55

2. 向右扭腰转身成玉环步，右手变掌收至左胸前；左掌向右前插出；目视左手。

3. 左掌内旋变勾，向左拉至左侧，与头同高，勾尖向左；右掌外旋向左摆至腰高，掌心斜向左；同时左腿抬起，左脚勾脚向右跷；目视右手。（图4-55）

【用法】

人来右手打我，我左手封，用右臂肘打人锁口，力点在勾顶。人架，我左手采人左手腕向左刁，右掌向左打人左肋，用左脚跷对方的小腿，力点在右掌小指边。

（二十五）立正收势

1. 向右转身落左脚，右脚上步并拢；两手下落向两边分开，掌心向上；目视前方。（图4–56）

图4–56

图4–57

2. 两掌均内旋以划圆方式收至腹前，随后掌心向下，两掌外旋落至胯旁，五指并拢，掌指向下，掌心向内；目视前方。（图4–57）

第五章　八肘

第一节　八肘一段

一、拳谱

（一）预备式
（二）左臂肩膕肘
（三）扭步扭仰隔肘
（四）左採右扑肘
（五）左右二臂肘
（六）左右围回臂肘
（七）右攒挑抱肘
（八）右封左插肘
（九）左右双盘肘
（十）左外右里双圈肘
（十一）右肘右栽肘
（十二）左偷捶右顿肘
（十三）右补捶
（十四）双封双扑肘
（十五）左插指右打滚龙肘
（十六）左盘肘
（十七）右点肘
（十八）左右双封肘
（十九）立正收势

二、动作分解与用法

（一）预备式

1. 两脚并立；两臂下垂，五指并拢，掌心向内；目视前方。（图5-1-1）

图5-1-1

2. 掌心向上，掌尖相对，双掌由丹田（脐下三寸之处）提至胸前；同时，脚后跟提起；吸气。（图5–1–2）

图5–1–2

3. 两掌向内翻转，掌心向下，双掌下按，气沉丹田；同时顿足，呼气。两掌变拳收至腰间，拳心向上；目视前方。（图5–1–3 ~ 图5–1–5）

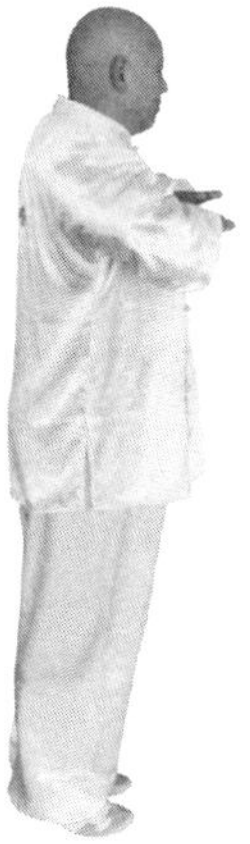

图5–1–3

图5–1–4

图5–1–5

（二）左臂肩膕肘

1. 稍右转身；两手变掌向右摆出，掌心相对；目视右掌。（图5–1–6）

图5–1–6

2. 上体左转，右腿提起；两手向左采叫；眼随手走；目视左方。（图5–1–7）

图5–1–7

3. 右转身，右脚向前落成右弓步；左手变勾向左打出与嘴同高；右掌置于胸前；目视左手。（图5–1–8）

图5–1–8

4. 右弓步不变；左肩向前摆出；目视右方。（图5–1–9）

图5–1–9

【用法】

若人来右手中门打我，我右手扶对方里面手腕、左手扯外面肘后，向左下采叫，用左臂肘打人锁口，力点在左勾勾顶。人左手来招，我右手外面一扶，打左膕肘，力点在左肩膀头。

（三）扭步扭仰隔肘

1. 左转身，左脚进步成左弓步；右手摆至前方与眼同高；左手握拳收于胸前；随身体目视前方。（图5–1–10）

图5–1–10

图5–1–11

2. 上身右转；右手握拳拉至腰侧；屈左臂摆至左上方；目视左前方。（图5–1–11）

【用法】

人来右手打我上部，我右手採住对方手腕向右，用左肘打人右肋，力点在左肘肘尖。

（四）左採右扑肘

1. 左弓步不变；右拳变掌外旋向前伸出；左拳变掌落在右臂下；目视右掌。（图5-1-12）

图5-1-12

2. 左弓步不变；右掌变拳内旋拉至右胸前；左掌变拳外旋，拳心向上；目视左拳。

3. 向右转身，右脚提起向右落步成左仆步；右手内旋握拳拉至右膝处，拳心向下；左手外旋向右下摆至左膝前，拳心向上；目视右拳。（图5-1-13）

图5-1-13

【用法】

人来手打我，我右手採住对方手腕，左手用滚龙肘压对方前臂，右提左恳，提右脚向右落仆步，力点在双拳。

4. 起身；左拳内旋变掌向前摆出，与眼同高；右拳置于右胸斜前方，拳心向下。

5. 跳右脚提左腿；屈右臂向前摆，拳心向后；左掌扶在右前臂上。（图5-1-14）

图5-1-14

6. 左转身，左脚向前落成左弓步；右拳内旋屈臂向前打出，拳心向前；左掌变拳落在右肘内侧，拳心向下；目视右拳。（图5-1-15）

图5-1-15

【用法】

接上，起身，左掌打眼，力点在左手小指边沿。人闪过，随出右隔肘捶打面门，力点在右拳拳轮。人仰身躲闪，随右拳内旋向前打胸，力点在右拳拳根。

（五）左右二臂肘

1. 右脚向前一步，脚尖外摆；右拳变掌向右封；左拳变勾置于右胸前；随身体目视前方。

2. 左脚向右前跷，脚尖向右勾；左手勾向左前摆至与嘴同高，勾尖向右；右手勾变掌摆至左胸前，掌心向左；目视左手。（图5–1–16）

图5–1–16

图5–1–17

3. 向左转身，左脚外摆；左手变掌向右封；右掌变勾置于左胸前；随身体目视前方。

4. 右脚向前进步成右踏鸡步；脚尖向左；右手勾向右前摆至嘴高，勾尖向左；左掌落于右臂内侧；目视右手勾。（图5–1–17）

【用法】

人右脚在前，来右手打我上部，我左脚向右跷人右小腿，同时右手封人来手，出左臂肘打人锁口，力点在左手勾顶。人来左手，我左手封对方左手，进步成右踏鸡步用右臂肘打人锁口，力点在右手勾顶。

（六）左右围回臂肘

1. 稍向左转，右脚外摆；右手勾内旋向左上提；左手变勾置于身前；随身体目视前方。（图5-1-18）

图5-1-18

图5-1-19

2. 以左脚为轴，向左转身180°，右脚勾脚向左前跷；右手勾向左前摆；目视右手勾。（图5-1-19）

3. 向左稍扭身，右脚外摆，成玉环步；右手勾向右上提；左手勾落于左胸前；随身体目视前方。（图5-1-20）

图5-1-20

图5-1-21

4. 左脚上步，向右前跷；左手勾向左前摆至头高，勾尖向右；目视左手勾。（图5-1-21）

【用法】

人来手打我面门，用右臂抖开人手，左臂肘插进斜打人锁口，进左脚跷。左臂抖开人左手，右臂肘插进斜打人锁口，力点在双手勾顶。

（七）右攒挑抱肘

1. 接上式，左手勾向前摆出与面门同高；右手勾落于腰侧；目视左手勾。（图5-1-22）

图5-1-22

图5-1-23

2. 左脚向前垫步，向左转180°，右脚向左勾；同时，左手变掌上架；右手变掌收回胸前再变勾向前打出与嘴同高，勾尖向左；目视右手勾。（图5-1-23）

3. 左脚向前进一步，脚尖外摆；右手勾变拳向前、向上摆至面门高，拳面向外；左掌扶在右前臂上，掌心向右；目视右拳。

4. 右脚向前进步成踏鸡步；左掌不变；右拳内旋拉回胸前再向前冲出，与心窝同高，拳心向右；目视右拳。

（八）右封左插肘

1. 左脚进步成左弓步；左手随右拳向左按封，置于右胸前；目视右拳。

2. 右脚上步成右虚步；右拳向前打出后收回身前，拳心向下；左掌变拳收回腰间，拳心向上；目视右拳。

【用法】

人后面来手，右手向下按封，用左拳轮打眼，急打速回，力点在左拳拳轮（插肘者，侧身拧背急打速回也）。

（九）左右双盘肘

1. 右虚步不变；右拳变勾向后刁；左拳变掌向右封；目视双手。

2. 垫左脚提右脚，脚尖绷平，左腿微弯曲；屈右臂成盘肘向前打出；左掌扶在右前臂外侧；随身体目视前方。

3. 右脚向右前方落步成螳螂步；屈左臂成盘肘向右摆出；右掌扶在左前臂外侧；随身体目视前方。

【用法】

我用插肘打对方面门，对方招架，我右勾左封用右盘肘打对方左肋，人招，用右手拿人右手，左盘肘打人右后肋，力点在双肘肘尖。

（十）左外右里双圈肘

1. 右脚脚尖外摆；右掌向前伸出，掌心向上；左拳变掌，置于右掌上，掌心向下；随身体目视前方。

2. 左脚向前进步成左踏鸡步；右掌内旋变拳向后刁拉，拳心向下；左掌变拳外旋向后拉于右拳前，拳心向上；目视左前方。

3. 左脚向前进步；左拳内旋向前推出，拳心向下；右拳同时推出，拳心向下，右拳面顶在左拳拇指侧；随身体目视前方。

【用法】

人来左手打我心窝，我右手採住人手腕，内旋向后刁拉，左拳心向上滚压人前臂肘上部，人后退我左脚勾住人右脚，两手使双邦向前推出，力点在左拳拳轮。

（十一）右肘右栽肘

1. 起身，向左转身；左拳变掌向左封，置于左腰侧；右拳向左摆，拳心向下；随身体目视前方。（图5-1-24）

图5-1-24

2. 向左稍转身提右腿；同时，右拳向左摆，拳心向下；左掌置于右前臂下，掌心向上；目视右前方。（图5-1-25）

图5-1-25

3. 右脚向右前方进步成螳螂步；同时，右肘向右前打出，肘尖与肩同高，右拳在前，拳心向下；左掌在后，掌心向上；目视右肘。（图5-1-26）

图5-1-26

【用法】

人来手打我上部，我左手外封。右手圈捶打对方面门，人仰身，我右栽肘至地（打对方腹部），力点在右肘肘尖。

（十二）左偷捶右顿肘

颠左脚提右腿；同时，左掌变拳内旋向前冲出，拳心向下；右拳外旋向后顿肘收至腰间，拳心向上，肘尖向后；目视左拳。（图5-1-27）

图5-1-27

（十三）右补捶

右脚向前进步成右弓步；右拳内旋向前冲出，拳心向下；左拳外旋收至右臂内侧，拳心向下；目视右拳。（图5-1-28）

图5-1-28

（十四）双封双扑肘

1. 向左转身180°；右拳向右上方上举，高于头，拳心向左；左拳内旋置于胸前；目视左方。

2. 双拳变掌弧形向前摆至身前；目视双掌。（图5–1–29）

图5–1–29

图5–1–30

3. 成左虚步；双掌变拳分别以弧形由下向上在身体外侧划圆落于身前；目视双拳。（图5–1–30）

【用法】

人从背后来手，我向左后回身用双拳封，再翻上向下打双扑肘，力点在双拳拳轮。

（十五）左插指右打滚龙肘

1. 右拳收于腰间，拳心向上；左拳变掌由右向左下摆；目视左掌。

2. 左脚向前上步成螳螂步；左手由左侧弧形拉至左胸前，随即外旋再内旋向前推出；目视左手。（图5-1-31）

图5-1-31

3. 右脚向前一步再跳起，落地后左脚勾脚向右踐；右拳内旋向左前方打出，拳心向下；左掌弧形向左下再向上扶于右前臂上；目视右拳。（图5-1-32）

图5-1-32

（十六）左盘肘

颠右脚，顺势稍右转身，左腿提起，脚面绷平；屈左肘，肘尖向左前方打出；右拳变掌扶在左前臂上；目视左肘。（图5-1-33）

图5-1-33

【用法】

接上我打滚龙肘人闪过，我速用盘肘打对方上部。

（十七）右点肘

左脚向前落步成螳螂步；左拳摆向左侧；屈右肘，肘尖向左摆；目视右肘。（图5-1-34）

【用法】

接上，人来手招架，我左手往左刁拉，用右点肘打人心窝，力点在右肘肘尖。

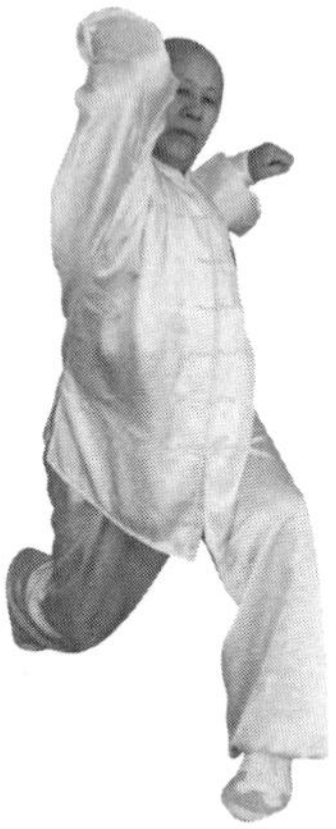

图5-1-34

图5-1-35

（十八）左右双封肘

1. 向左转身90°，右脚向前颠步，左脚向前落步成螳螂步；双手变掌立掌向右封，再变拳向前推出，左拳在前，右拳在后，右拳面顶在左拳拇指侧；目视双拳。（图5-1-35）

2. 向右转身90°，右脚向前上步成螳螂步；双拳变立掌向左封，再变拳向前推出，右拳在前，左拳在后，左拳面顶在右拳拇指侧；目视双拳。（图5-1-36）

【用法】

人右面来手，右转身双掌向右封出，随跟向前打左双邦肘，力点在左拳轮。人又来手我双手向左封出，随跟向前打右双邦肘，力点在右拳拳轮。

图5-1-36

（十九）立正收势

1. 起身，左脚上步并拢；两手变掌下落向两边分开，掌心向上；目视前方。（图5-1-37）

图5-1-37

图2-1-1

2. 两掌均内旋以划圆的方式收至腹前，掌心向下，两手落至胯旁，五指并拢，掌指向下，掌心向内；目视前方。（图5-1-38）

第二节　八肘二段

一、拳谱

（一）预备式
（二）上下双圈肘
（三）随放后蹬踏
（四）左封右打歪良肘
（五）右採左打下跟掀肘
（六）右打邦点抱肘
（七）右採左扑肘
（八）左右二衡肘
（九）扑左隔肘下捋捶
（十）左扑隔肘上捋捶
（十一）硬起隔肘至底
（十二）左右二至膝隔肘
（十三）右穿捶
（十四）立正收势

二、动作分解与用法

（一）预备式

1. 两脚并立；两臂下垂，五指并拢，掌心向内；目视前方。（图5-2-1）

图5-2-1

图5-2-2

2. 掌心向上，掌尖相对，两掌由丹田（脐下三寸之处）提至胸前；同时脚后跟提起；吸气。（图5-2-2）

3. 两掌向内翻转，掌心向下；双掌下按，气沉丹田；同时顿足，呼气。两掌变拳收至腰间，拳心向上；目视前方。（图5-2-3）

图5-2-3

（二）上下双圈肘

1. 接八肘一段“左右双封肘”。

2. 稍左转身，右脚向左脚前上一步成玉环步；右拳变掌摆至头上部；随身体目视前下方。（图5-2-4）

图5-2-4

图5-2-5

3. 左脚向前进一步成左踏鸡步；同时，左拳摆至左前方与面门同高，拳心向右；右拳拉至右后方；随身体目视左前方。（图5-2-5）

4. 左转身90°，提右腿；左拳弧形向前再向后摆至左后方，拳心向后；右拳弧形由左上摆至右侧与面门同高，拳心向左；目视右拳。（图5-2-6）

【用法】

人后面来右手，我左转回身，右手封拿，斜出左穿捶打面门，力点在左拳拳背。人招，左手封拿，右出斜穿捶打人面门，力点在右拳拳背。

图5-2-6

（三）随放后蹬踏

接上式，向左转，右腿伸直先向前再向后放蹬踏步；右拳内旋屈臂向前打出；屈左臂左拳摆至右胸前；目视右拳。（图5-2-7）

【用法】

接上，我用右穿捶，人躲闪，我用右腿蹬人右小腿，右拳根打人上部，力点在右拳拳根（此为摔跤动作）。

图5-2-7

（四）左封右打歪良肘

左转身180°；左拳向右封落在身前。颠右脚，提左腿；同时右拳外旋变掌向前打至面门高，掌背向前；左拳置于右臂下，拳心向下；目视右掌。

【用法】

人来手，我左手封，用右手反阳掌打面门，力点在右掌掌背。

（五）右採左打下跟掀肘

1. 向右转身90°，右脚向右落成马步；同时，右掌内旋变拳向右拉至右大腿上方，拳心向下；左拳外旋拉至左大腿上方，拳心向上。（图5-2-8）

图5-2-8

2. 跳右脚，向左前方进左脚成螳螂步；同时，双拳摆至左前方，与头同高；目视双拳。（图5–2–9）

【用法】

接上，我用右掌打对方面门，人低头躲闪，我随反手採发，左前臂打人脖子，右转身向右刁拉，人向后退我左转身，双手从下往上使左双邦打下跟掀肘。

图5–2–9

（六）右打邦点抱肘

1. 提右腿成左独立步；右拳外旋向左摆至头左侧，拳心向上；左拳内旋提至高于头，拳心向左；随身体目视前方。（图5–2–10）

注：王玉山大师教这个动作时，称其为“焦赞打锣”（焦赞为宋朝杨六郎手下一员大将）。

图5–2–10

【用法】

接上，我打双邦，人招，打肋，力点在右拳拳轮。我左手採其左手，右捶向左。

2. 右转身90° 落步成右弓步；右拳内旋向后摆至高于头，拳心向前；左拳外旋向前冲出与心窝高；随身体目视前方。（图5–2–11）

【用法】

人右面来手，我右转身，右捶反架人来手，出左插肘打人心窝，力点在右拳拳面。

图5–2–11

3. 双勾左阳帮：

（1）右弓步不变；右拳变勾外旋由上向下收至右腰间，勾尖向上，左拳变勾收在右腰间，勾尖向下，左手在下，右手在上；随身体目视前方。

（2）上左脚成左弓步；两手变掌向前摆至面门高，左掌在前，掌心向后，右掌在后，掌心向前；目视两掌。（图5-2-12）

图5-2-12

【用法】

接上，我打插肘，人招，我右手阳勾，左手阴勾，叫人右手放左阳邦打面门，力点在左手背。

4. 右封左叠肘：向前跳右脚提左腿，脚面绷平，向前探身；右掌向右封；左臂屈肘由上向下摆至胸前；右掌扶在左臂上；目视左肘。（图5-2-13、图5-2-14）

图5-2-13

图5-2-14（附图）

【用法】

接上，我打阳邦，人招，我右手封打左叠肘，力点在左肘肘尖。

5. 左腿向前落步成左弓步；左捶横砍肋下，随即向前崩出，拳背向左；右掌变拳向后摆出；目视左拳。（图5-2-15）

图5-2-15

【用法】

接上，左捶仰挂随横砍肋下，力点在左拳拳眼，右拳直臂向后打出，力点在右拳拳轮。

（七）右採左扑肘

向右转身180° 成螳螂步；左拳向前摆出与面门同高，拳心向前；右拳向左摆至左臂下，拳心向下；目视左拳。（图5-2-16）

图5-2-16

【用法】

人后面来手，我右转回身，右手中门拿闭，左手打面门，力点在左掌掌根。

（八）左右二衡肘

1. 向左后转身，颠右脚提左腿，脚面绷平，成右独立步；右拳落在左胸前，拳心向下；左拳向左摆，摆至身前左侧，拳心向后；目视左拳。

2. 颠左脚提右腿，成左独立步；左拳落在右胸前，拳心向下；右拳向右摆，拳心向后；目视右拳。

【用法】

人后边来手，我左转回身，右手封，左拳侧打脖子，力点在左拳拳眼。人招，随提左步，左手封，右捶侧打脖子，力点在右拳拳眼。

（九）扑左隔肘下捋捶

1. 向右转身90°，右脚落在左脚前，左脚向前进一步成左弓步；左拳向右摆落在右胸前，拳心向下；右手半握拳向前打出，拳心向前；目视右拳。（图5-2-17）

图5-2-17

图5-2-18

2. 向右后转身成右弓步；右拳内旋向右刁拿，拉至右侧头上方，拳心斜向下；左拳向左冲出；目视左拳。（图5-2-18）

【用法】

人来手，我左手采拿，用右扑肘打中门，力点在右掌掌根。人招，我右手采拿，左捶打肋下，力点在左拳拳面。

（十）左扑隔肘上捋捶

1. 右拳变掌向下封；左拳摆向右前方，拳心向前；目视左拳。

2. 稍向左转身，向前弯腰；随转身左拳变掌向下摆至左侧，掌心向下；右拳收于右腰侧；目视左掌。（图5-2-19）

图5-2-19

3. 接上式，身体继续左转，起身成左弓步；左掌变拳继续向左摆至左太阳穴外侧，拳心向右；右拳向右前方冲出，拳心向下；目视右拳。（图5-2-20）

【用法】

接上，我打肋捶，人招，我右手封，左手扑肘打面门，力点在左掌根。人招，紧接左手封，右捶打锁口，力点在右拳面。

图5-2-20

（十一）硬起隔肘至底

1. 颠右脚提左腿，随即左脚落到右脚后；两拳向前、向上提至锁口高，拳背向上；目视双拳。（图5-2-21）

图5-2-21

2. 进左脚成左踏鸡步；两腕下落至胸高，拳心向前；目视双拳。（图5-2-22）

【用法】

接上，人招，我双拳硬起上崩锁口，力点在拳背。人向后闪身，我双手下打心窝，力点在双手掌根。

图5-2-22

（十二）左右二至膝隔肘

1. 左脚向后退一步；两拳向下交叉后分别向左右两边分开；随身体目视前方。

2. 右脚向后撤一步成左弓步；右拳向上、向前摆至胸高，拳心向下；左拳变掌扶在右臂上；目视右拳。（图5-2-23）

图5-2-23

【用法】

人来双手打我下部，我用双拳向下、向两边砸开，右拳反上打脖子，力点在左拳拳眼。

图5-2-24

3. 向右转身180° 成右弓步；左掌变拳，两拳向下、向两边分开；随身体目视前方。

4. 左脚向前进一步成左踏鸡步；右拳反上向前摆至脖子高，拳心向下；左拳变掌扶在右前臂上；目视右拳。（图5-2-24）

【用法】

接上，人后面来手，我右转回身，双拳向下、向两边把来手砸开，右拳反上打脖子，力点在右拳拳眼。

（十三）右穿捶

1. 人来手，我右拳变掌黏拿；左掌按採向右后叫；同时提右腿；随身体目视前方。（图5-2-25）

图5-2-25

图5-2-26

2. 接上式，向左扭腰转身90° ，右脚先向前再向后落蹬踏步；同时右掌变拳打出与心窝同高；左掌摆在右臂内侧；目视右拳。（图5-2-26）

【用法】

人来右手，我右手黏拿，左手按採向右后叫，放右蹬踏步，同时右捶打心窝，力点在右拳拳面。

（十四）立正收势

1. 向右转身，右脚上步并拢；两手下落向两边分开，掌心向上；目视前方。

2. 两手掌均内旋以划圆方式收至腹前，然后掌心向下，两手外旋落至胯旁，五指并拢，掌指向下，掌心向内；目视前方。

第三节　八肘三段

一、拳谱

（一）预备式
（二）右穿捶
（三）左挑捶
（四）围回烹肘
（五）上下半圈肘
（六）左封左窝肘
（七）右封双窝肘
（八）左烹右砸
（九）右崩右撞肘
（十）右起朝天捶
（十一）偷右步左外圈捶
（十二）右打蹿阶挑肘
（十三）双腼连环肘
（十四）后坐霸王拉硬弓
（十五）连环搓捶
（十六）双封推积肘
（十七）右打肜窝捶
（十八）连环搓掌
（十九）双封左展斜圈捶
（二十）右歪良右搓捶
（二十一）立正收势

二、动作分解与用法

（一）预备式

1. 两脚并立；两臂下垂，五指并拢，掌心向内；目视前方。（图5-3-1）

2. 掌心向上，掌尖相对，两掌由丹田（脐下三寸之处）提至胸前；同时，脚后跟提起；吸气。（图5-3-2）

图5-3-1

图5-3-2

3. 两掌向内翻转，掌心向下，两掌下按，气沉丹田；同时顿足，呼气。两掌变拳收至腰间，拳心向上，目视前方。（图5-3-3）

图5-2-3

（二）右穿捶

向左后转身180°，进左步成左弓步；左拳变掌向右摆；右拳屈臂向前冲出，拳心向左；目视右拳。

注：右穿捶也就是八肘二段最后动作。

【用法】

人来手，我右手黏拿、左手按封，出右捶打心窝，力点在右拳拳面。

（三）左挑捶

1. 向右转身90°，进左步成左弓步。

2. 左弓步不变；右拳变掌向左封，后变拳停在身前，拳心向后；左拳向上出挑捶，拳背向前；目视左拳。

【用法】

上左蹬山步，中门右封，左挑捶打锁口，力点在左拳拳面。右隔肘回打至底，力点在右拳拳轮。

（四）围回烹肘

左转回身成螳螂步；同时，左拳变掌向右下封后握拳停在右胸前，拳心向下；右拳从左臂内向右前方崩出，拳心向后；目视右拳。（图5-3-4）

【用法】

人右边来手，我左手封，出右崩捶打人面门，力点在右拳拳背。

图5-3-4

（五）上下半圈肘

向左转身，两脚原地弹跳落地成马步；同时，右拳内旋，两拳由下向上、向身体内侧划弧落至胸前，拳心向下；目视前下方。（图5-3-5）

【用法】

人把头一横朝身前撞来，我弹起用双拳砸向对方头部，力点在双拳拳轮。

图5-3-5

（六）左封左窝肘

右转身成右弓步；右拳内旋变掌向后勾採；左拳向前冲出，拳心向下；目视左拳。（图5-3-6）

【用法】

接上，随转身用左捶打人面门，力点在左拳拳面。人招，我右手勾採，右转身打左窝肘，力点在左肘。

图5-3-6

（七）右封双窝肘

1. 右脚后撤成右虚步；右手掌心向上，左拳变掌，掌心向下，两手合掌向后拉至右腰侧；随身体目视前方。（图5–3–7）

图5–3–7

图5–3–8

2. 虚步不变；两掌向左封，掌心斜向左；随身体目视前方。

3. 左脚跳起，向左转身，踏左脚提右腿；同时打右盘肘；目视右肘。（图5–3–8）

【用法】

我双手勾採人手，人漏，我左转回身打右盘肘，力点在右肘肘尖。

（八）左烹右砸

右脚落地，左脚向前进步成螳螂步；左手内旋向左后摆至头左上方握拳，拳心向左；右拳外旋由左后摆至左前，与心窝同高，拳心向上；目视右拳。（图5–3–9）

【用法】

人来左手，我左拳架打，右拳打肋，力点在右拳拳轮。

图5–3–9

（九）右崩右撞肘

1. 提右腿；屈右臂上挂，拳心向后；左拳变掌落至右膝旁。（图5-3-10）

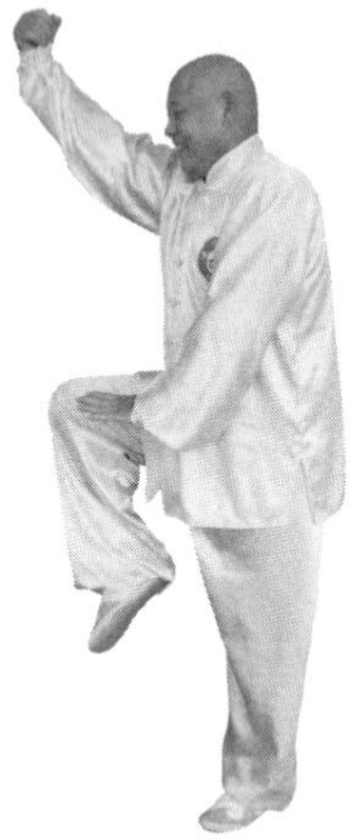

图5-3-10

图5-3-11

2. 右脚向前落成蹚螂步，右臂屈肘下打撞肘至心窝，拳心向后；左手握拳置于右胸前。（图5-3-11）

（十）右起朝天捶

起身，蹚螂步不变；右拳向上打，拳面向前；左手变掌置于腹前；目视右拳。

【用法】

接上，我用撞肘打人心窝，人含胸躲闪，我顺势打右朝天锁口捶，打下颌，力点在右拳拳面。

（十一）偷右步左外圈捶

1. 右脚向后撤一步；同时，右拳变掌向前推出；左掌收回至左胸前；随身体目视前方。（图5–3–12）

图5–3–12

图5–3–13

2. 左脚向后撤一步成右弓步；同时，左掌变拳向前摆出，拳心向左；右掌扶在左臂上；目视左拳。（图5–3–13）

【用法】

人来手攻击我，我先撤右步再撤左步，两手向下封，左拳反上打左外圈捶，力点在左拳拳眼。

（十二）右打蹿阶挑肘

1. 左转身180° 成左弓步；左拳随身体向左后弧形摆动至与眼同高，拳心向前；右掌变拳摆至右腰侧；目视左拳。（图5-3-14）

图5-3-14

图5-3-15

2. 右脚进一小步；右拳不变；左拳向左前挂至头上方，拳心向后；目视左拳。（图5-3-15）

3. 左腿抬起，左脚向右踎；左拳收至左侧身后，拳心向上；右拳向右摆至头上方；目视右拳。（图5-3-16）

图5-3-16

【用法】

人来手採我，我右阳挑左阳挂紧接左脚钓鱼向右踎，右放隔肘捶打人左面门，力点在左脚和右拳拳面。

（十三）双腼连环肘

1. 向右转身180°，落左脚成左弓步；右拳外旋收至腰间，拳心向上；屈左臂向前打左肘，肘尖向前；目视左肘。（图5-3-17）

图5-3-17

图5-3-18

2. 左弓步不变；左拳外旋收至腰间，拳心向上；屈右臂向前打连环肘，肘尖向前，拳心向左；随身体目视前方。（图5-3-18）

【用法】

对方从后面来右手打我，我右手提拿对方右手，左肘打肋，人左手来招架，我左手提拿，随打右连环肘，力点在双肘肘尖。

（十四）后坐霸王拉硬弓

1. 左弓步不变；右拳变掌向前打至面门高，掌心斜向前；目视右掌。（图5-3-19）

图5-3-19

图5-3-20

2. 右转身90° 成马步；右掌变拳，屈右臂拉至右肩上；左拳内旋向左冲出；目视左拳。（图5-3-20）

【用法】

右掌打人面门，人招，我右手勾採向右拉至右肩上，出左拳打心窝，力点在左拳拳面。

（十五）连环搓捶

1. 左转身，向前进右脚成右弓步；左拳外旋收至左腰间，拳心向上；右拳向前冲出，拳心向下；目视右拳。（图5-3-21）

图5-3-21

图5-3-22

2. 向前进左脚成左弓步；右拳外旋收至右腰间，拳心向上；左拳内旋向前冲出，拳心向下；目视左拳。（图5-3-22）

【用法】

我左转身上右步打右搓捶，人闪开，紧接上左步打左搓捶，力点在双拳拳面。

（十六）双封推积肘

1. 颠右脚提左腿；右手内旋刁手，左拳在人前臂上悬封，拳心向上，随即双手向后拉；目视双手。

2. 向前落左步；左拳前、右拳后打双邦肘，拳心向下，右拳拳面顶在左拳拇指侧；目视左拳。

【用法】

人来手，我右手刁，左手悬封，进左步用双邦肘打心窝，力点在左拳拳轮。

（十七）右打胗窝捶

1. 颠右脚提左腿；左拳向左砍海底；右拳外旋摆至左胸前。（图5-3-23）

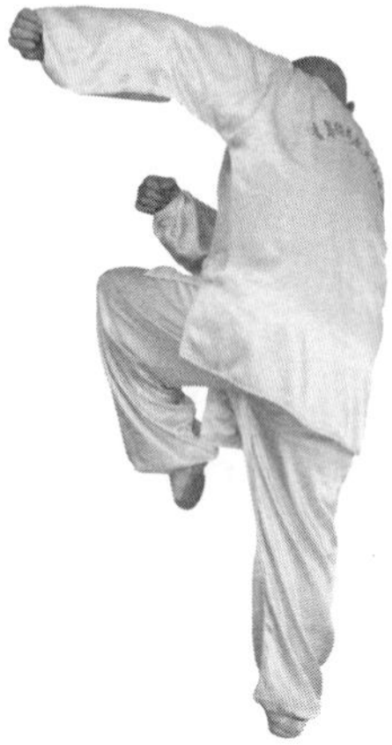

图5-3-23

2. 右转身，落左脚成左侧身弓步；右拳内旋向右摆至右身侧，拳心向下；左拳外旋向右摆至胸前，拳心向下；目视右拳。（图5-3-24、图5-3-25）

图5-3-24

图5-3-25（附图）

【用法】

颠右脚提左腿，左手向左砍裆，落左步，右捶向右打肋，力点在双拳拳轮。

（十八）连环搓掌

1. 稍向右转身，左脚回收成左虚步；右拳变掌外旋向后勾；左拳变掌向前推出，掌心斜向前；目视左掌。（图5-3-26）

图5-3-26

2. 左脚稍后撤；左掌外旋向后勾，置于左胸前，掌心向上，右掌内旋，掌心向下，两掌心相对，随即右掌向前出搓掌；目视右掌。（图5-3-27）

图5-3-27

（十九）双封左展斜圈捶

1. 人来右手，我右手刁住手腕，左手拿住人前臂，人向后退我紧跟向前跳两步；目视左手。（图5-3-28）

图5-3-28

2. 跳右脚，同时向左转身约180° 落右脚成右虚步；左手向左后封，右手握拳向左摆至耳门高，左掌扶在右臂上；目视右拳。（图5-3-29、图5-3-30）

图5-3-29

图5-3-30（附图）

（二十）右歪良右搓捶

1. 向右转身，左脚上一步，提右腿成左独立步；左掌变拳向右摆至右臂肘内侧，拳心向下；右拳外旋屈臂向右摆至头上方；目视右拳。（图5-3-31）

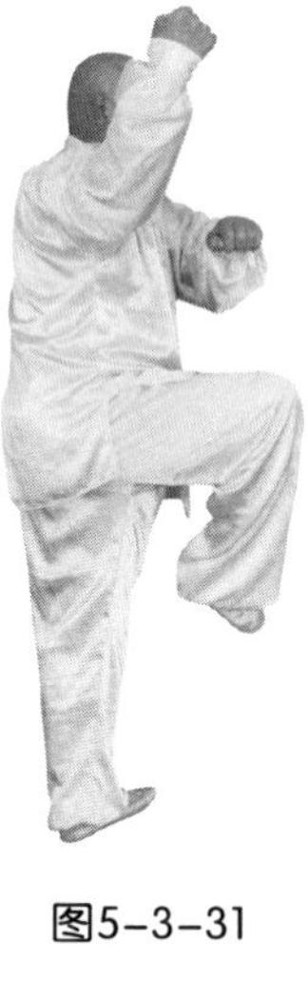

图5-3-31

2. 右脚向前落成螳螂步，右拳内旋，两拳同时向前冲出，间距为一拳；目视双拳。（图5-3-32）

图5-3-32

【用法】

左手向右封，右手从左臂内向右打耳门，力点在右拳眼，双拳向前打肋下，力点在双拳拳面。

（二十一）立正收势

1. 起身落左脚，右脚上步并拢；两手下落向两边分开，掌心向上；目视前方。

2. 两掌均内旋以划圆方式收至腹前，掌心向下，两手外旋落至胯旁，五指并拢，掌指向下，掌心向里；目视前方。

第四节　八肘四段

一、拳谱

（一）预备式
（二）右挑右砸
（三）右展歪良捶
（四）迎天一积臂肘
（五）翻身后打翻车捶
（六）跟左脚左圈捶
（七）双螳螂跟右脚右叠肘
（八）偷右步左右圈捶
（九）左封右点肘
（十）顺送下盘肘
（十一）左穿捶右转肘
（十二）双封双盘肘
（十三）左展右採打右跷
（十四）双分双操坐几肘（腚肘）
（十五）右勾左打急挑捶
（十六）左封叫插捶
（十七）左穿歪良捶
（十八）左右朝天肘
（十九）左右树门肘
（二十）双分锁口臂肘
（二十一）右封右叠肘
（二十二）翻身后打翻车圈
（二十三）双分臂肘挺身
（二十四）立正收势

二、动作分解与用法

（一）预备式

1. 两脚并立；两臂下垂，五指并拢，掌心向内；目视前方。（图5-4-1）

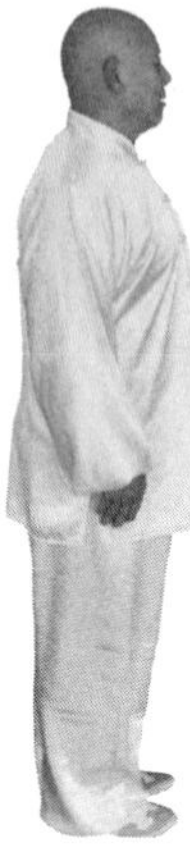

图5-4-1

图5-4-2

2. 掌心向上，掌尖相对，两掌由丹田（脐下三寸之处）提至胸前；同时，脚后跟提起；吸气。（图5-4-2）

3. 两掌向内翻转，掌心向下，两掌下按，气沉丹田；同时顿足，呼气。两掌变拳收至腰间，拳心向上；目视前方。（图5-4-3）

图5-4-3

（二）右挑右砸

1. 左脚向前进一步，脚尖外摆，右腿提起；右拳外旋屈臂上摆至高于头；左拳变掌落在右膝旁；目视左掌。（图5–4–4）

图5–4–4

图5–4–5

2. 右脚向前落步成螳螂步；右拳外旋向下砸至右膝前，拳心向左；左掌变拳落在右臂内侧，拳心向右；目视右拳。（图5–4–5）

【用法】

人来手，我屈右臂上打折肘（用右臂肘打对方左臂肘处），力点在右前臂，人向后闪身，我用右拳下砸胸部，力点在右拳拳轮。

（三）右展歪良捶

左脚向前上步，脚尖向右跷；右拳变掌向左封于左臂内侧，掌心向左；左拳向左摆，拳心向右；目视左拳。（图5–4–6）

【用法】

人来手，我双手向下、向外封出，再反上右拳打耳门或锁口，左脚向右移对方小腿，力点在右拳拳眼和左脚勾。

图5–4–6

（四）迎天一积臂肘

右掌变拳，两拳分别弧形向上摆至耳门高，随即左拳变掌扶在右前臂上；目视右拳。

（五）翻身后打翻车捶

1. 向左转身180°，左脚向前进一步；左拳向前打出，拳心向右；右拳置于腹前；目视左拳。（图5–4–7）

图5–4–7

图5–4–8

2. 右脚进步；右拳弧形向上、向前砸至身前；左拳落在腰侧；目视右拳。（图5–4–8）

3. 成右弓步；右拳由左下再向上抡一个圆圈后向右摆至头高，拳背向前；目视右拳。（图5–4–9）

图5–4–9

【用法】

左转身左捶拍打，右捶砸头紧跟向上崩打，左捶拍打，力点左拳拳心，右捶砸头，力点在右拳拳轮，向上崩打力点在右拳拳背。

（六）跟左脚左圈捶

左拳由左上向右下划弧摆至右拳下，拳心向下，两拳交叉；目视双拳。

【用法】

接上右手打崩捶，左圈捶打脑后，力点在左拳拳眼。

（七）双螳螂跟右脚右叠肘

1. 右拳变勾拉在身前，勾尖向下；左拳变勾置于右勾前，勾尖向下；目视左手勾。

2. 左脚起跳，右脚向前弹踢，与裆同高，脚面绷平；同时，屈右臂成叠肘向前、向下砸出，肘尖向前；左拳变掌扶在右前臂上；目视肘尖。（图5–4–10）

图5–4–10

【用法】

人来手，我右手勾採，左手勾拿，屈右臂成叠肘，起跳从面砸到胸部，同时右脚踢裆，力达脚尖，叠肘力点在肘尖。

（八）偷右步左右圈捶

1. 接上叠肘，右脚向后落成左弓步；左手握拳，两拳同时向下、向两边封；随身体目视前方。

2. 撤左步成右弓步；两手分别向上、向前摆动，左拳摆至耳门高，拳眼向右；右拳变掌扶在左前臂上；目视左拳。

3. 向后转身成左弓步；两手向后封，右掌变拳摆至耳门高；左拳变掌扶在右前臂上；目视右拳。（图5–4–11）

图5–4–11

【用法】

接上我打叉肘，人招，我右展左封打左圈捶，力点在左捶拳眼。人后面来手我左回身，左展右封打右圈捶，力点在右拳拳眼。

（九）左封右点肘

1. 右脚提起，脚面绷直；左手向前封压；右拳收回腰间。（图5-4-12）

图5-4-12

图5-4-13

2. 进右脚成螳螂步；右臂屈肘用点肘打肋，拳心向左；左掌变拳收于腰间；目视右肘。（图5-4-13）

【用法】

人来左手，我右手外翻拿住人手腕，左手拿住前臂进步用右肘打左肋，力点在右肘肘尖。

（十）顺送下盘肘

1. 左脚向右脚后进步，稍右转身成玉环步；向后回右肘；左手由右肘下向前插；目视左手。（图5-4-14）

图5-4-14

2. 右脚进步，上身左转成马步；向前打右盘肘，拳心向下，拳面顶在右胸；左掌扶在右拳上；目视右肘。（图5-4-15、图5-4-16）

图5-4-15

图5-4-16（附图）

【用法】

接上，我打肋，人退步躲闪，我进右步打右盘肘，力点在右肘肘尖。

（十一）左穿捶右转肘

1. 右转身，进左脚成左弓步；右手向左勾採后向右后拉；左掌变拳向左挑打至与头同高；目视左拳。（图5-4-17）

2. 向右转身180° 成右弓步；同时，两手变勾随转身摆向右侧，勾尖向下；随身体目视前方。

【用法】

人来手，我右手勾採，左捶打锁口，力点在左拳拳面，或右展左打头，力点在左拳拳背。人来右手，双手勾採向右刁，力点在双手勾。

图5-4-17

（十二）双封双盘肘

1. 右弓步不变，上身稍左转；左手勾变掌再变勾，随转身向左摆，勾尖向下；屈右臂，右手勾变拳向左摆，拳心向下，拳面顶在右胸上，肘尖向前；随身体目视前方。

2. 右弓步不变；右拳变勾向右刁；左手勾变拳屈臂向右摆，打出左盘肘，肘尖向前；目视左肘。（图5-4-18）

图5-4-18

【用法】

人来左手，我左手勾採，左扭身，用右盘肘打对方肋。人来右手，我右手勾採，右扭身，用左盘肘打肋，力点在肘尖。

（十三）左展右採打右跷

左脚进一步，脚尖外摆，右脚勾脚向左跷；左手展、右手变掌向右封；随身体目视右前下方。（图5-4-19）

图5-4-19

【用法】

人来左手，我左手拿住人手腕，右掌向右封。人上步，我右脚勾脚跷人左小腿，人必倒。

（十四）双分双操坐几肘（腚肘）

1. 两手向两侧分开；右腿屈膝提起，脚面绷直。（图5-4-20）

2. 两手向上、向外分，再向内停在身前，左掌心向右，右掌心向左；同时，跳起后落步成左仆步；目视左掌。

【用法】

人在身后抱我，我右腿屈膝右脚勾住人右腿处，向后坐几肘；同时，两手向外把人手分开并向前挑起。

图5-4-20

图5-4-21

（十五）右勾左打急挑捶

向右转身180°，进右脚成右弓步；右掌变拳向后、向上屈臂勾採拉至头上，拳心向右；左掌变拳向前冲出与嘴同高，拳心向下；目视左拳。（图5-4-21）

【用法】

人后面出手，我右转身，右手勾採，左拳冲出打锁口，力点在左拳拳面。

（十六）左封叫插捶

向前进左脚成左弓步；右拳向右封，左拳向右勾采，随即右拳在左臂上向前冲出与面门同高，拳心向下；目视右拳。（图5-4-22）

图5-4-22

【用法】

接上，我左捶打锁口，人招，我右封左採，右捶反上打面门，力点在右拳拳面。

（十七）左穿歪良捶

右脚向前进一步，左脚提起向右跷；右拳在左拳上方向左封，落于左身侧，拳心向下；屈左臂，左拳向左摆至面门高，拳眼向左；随身体目视前方。

【用法】

人来右手，我右手向左封，左捶屈臂向左打中门穿脸，力点在左拳拳眼。左脚勾起向右跷，力点在左脚勾（此为摔打动作）。

（十八）左右朝天肘

1. 落左脚，向左转身90°成马步；左手勾採握拳落在头左侧；屈右臂向左摆，拳心向左。（图5-4-23）

图5-4-23

图5-4-24

2. 右脚外摆，向右转身180°成马步；右手勾採握拳落在头右侧；屈左臂向右摆，拳心向右。（图5-4-24）

【用法】

人来左手，我左手勾採对方手腕，右肘向左平打折肘；人右手来招架，我右转身，右手勾採人右手腕，左肘向右平打折肘，力点在左右肘。

（十九）左右树门肘

1. 左脚迈步于右脚后成倒插步；左手变掌向右摆出；右拳在左臂下向左摆出；目视前方。（图5-4-25）

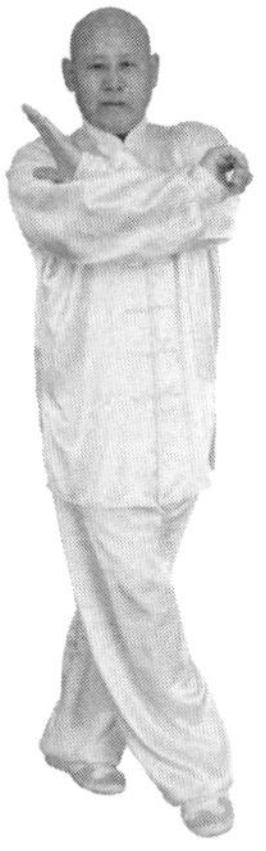

图5-4-25

图5-4-26

2. 右脚向右侧迈步成马步；左手採住人手向左拉；屈右臂右肘向右打，拳心均向下；目视前下方。（图5-4-26）

3. 右脚外摆，向右转身180°成马步；右手向右刁拉；屈左臂由左向前打拐肘；目视左肘。（图5-4-27）

图5-4-27

【用法】

人来右手，我左手採住向左拉，用右肘打肋。人左手招架，我右手採住向右拉，用左拐肘打肋，力点在双臂肘尖。

（二十）双分锁口臂肘

1. 向左转身90°，右脚向前颠步，左脚向前进步；右拳变勾打锁口；目视右手勾。（图5-4-28）

2. 人右手招，我左手勾採或勾脖子，勾尖向左；提左腿；目视左手勾。

3. 左脚落步，成左弓步；右臂肘反背勾打锁口；目视右手勾。

【用法】

右臂肘打人锁口，力点在勾顶。人招，我左手勾採，再用右臂肘打锁口，力点在勾顶。

图5-4-28

图5-4-29

（二十一）右封右叠肘

1. 起身，右脚向前上步；右手向右勾採；左手向右下按；随身体目视前方。（图5-4-29）

2. 颠左脚，跳起提右腿；屈右臂由上向前、向下砸至胸高，肘尖向前；左掌扶在右手上；目视右肘。（图5-4-30）

【用法】

接上，我打人锁口，人招，我右手勾採，左手下按，提右腿，跟右叠肘从面门打至前胸，力点在右肘肘尖。

图5-4-30

（二十二）翻身后打翻车圈

向右转身180°，颠左脚，左腿提起成右独立步，向右侧前探身；左手变拳，两拳同时向右砸出，右拳在前，拳心向上，左拳在后，拳心向下；目视右拳。（图5-4-31、图5-4-32）

图5-4-31

图5-4-32（附图）

【用法】

对方从右后面打来，我右转回身，落右脚提左腿，用双拳向对方中门砸出，力点在右拳拳背。

（二十三）双分臂肘挺身

1. 向前落左脚成左弓步；右拳变掌弧形向右摆；左拳收于左腰间；目视右掌。（图5-4-33）

图5-4-33

2. 右转身；右掌继续摆至回到右腰侧；左拳变掌向上摆至身前；随身体目视前方。（图5–4–34）

图5–4–34

图5–4–35

3. 左转身成左弓步；右手变勾继续向右上摆至与肩同高；左掌（也可用勾）向右摆至右胸前；目视右手勾。（图5–4–35）

【用法】

人来手，我双手黏拿，用右臂肘打人锁口，力点在右勾顶，臂肘挺身。

（二十四）立正收势

1. 向右转身90° 落左脚，右脚上步并拢；两手下落向两边分开，掌心向上；目视前方。

2. 两掌均内旋以划圆方式收至腹前，掌心向下，两手外旋落至胯旁，五指并拢，掌指向下，掌心向内；目视前方。

第六章　拳中摘要

第一节　拳中摘要一段

一、拳谱

（一）预备式
（二）框手打
（三）叶里藏桃
（四）左封右崩捶
（五）临行鸳鸯脚闭手挺身
（六）左搓捶右顿肘
（七）进步承摇步入
（八）缠鞭过耳
（九）鸳鸯脚探捶闭手挺身
（十）翻身扒山手
（十一）偷展底漏圈
（十二）左封右隔肘右搓捶
（十三）起身白猿偷桃
（十四）回身反尖脚
（十五）下步燕子掠水
（十六）入步双封锁口
（十七）偷展斜分盘肘
（十八）急打燕子投井
（十九）起脚鳖鱼侧身脚
（二十）左封右崩捶
（二十一）回身翻车至底
（二十二）起身朝天一炷香插肘
（二十三）崩捶变玉环
（二十四）硬起隔肘至膝
（二十五）转打海底取宝
（二十六）进步玉女绣花（又称金龙锁口）
（二十七）阳钩叫插捶
（二十八）护眼搓掌打闭手挺身
（二十九）玉环步双封双邦肘
（三十）左封右崩捶
（三十一）勾打掌手雷
（三十二）电掌手
（三十三）顺风扫落叶叶里藏花
（三十四）双封仙人取发至底
（三十五）立正收势

二、动作分解与用法

（一）预备式

1. 两脚并立；两臂下垂，五指并拢，掌心向内；目视前方。（图6–1–1）

图6–1–1

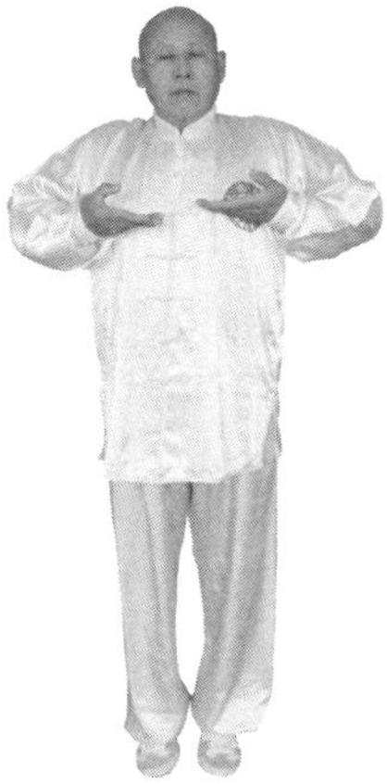

图6–1–2

2. 掌心向上，掌尖相对，两掌由丹田（脐下三寸之处）提至胸前；同时，脚后跟提起；吸气。（图6–1–2）

3. 两掌向内翻转，掌心向下，两掌下按，气沉丹田；同时顿足；呼气。随即两掌变拳收至腰间，拳心向上；目视前方。

（二）框手打

向右转身；屈右臂向右上划弧，再稍向左摆至腋下，拳背向前；同时左拳从右臂上冲出；目视左拳。

【用法】

人来右手打我上部，我右前臂捆打挡其右臂，随后左捶侧反捶打面门，力点在左拳拳面。

（三）叶里藏桃

向左转身成侧身寒鸡步（即虚步）；左拳外旋收至左腰间，拳心向上；右拳内旋向身侧冲出；目视右拳。（图6–1–3）

【用法】

接上，我左捶打人面门，人招，我侧身右捶冲出，力点在右拳拳面。

图6–1–3

图6–1–4

（四）左封右崩捶

1. 身体稍右转，向前探身成右弓步；右拳外旋收至腹前；左拳内旋变掌向前封出，掌心向下；随身体目视前方。（图6–1–4）

2. 接上式，左掌向下变拳收至腰间；右拳向前崩出与眼同高，拳背向前；目视右拳。（图6–1–5）

【用法】

接上，我右捶打人心窝，人招，我左手封，出右崩捶打人面门，力点在右拳拳背。

图6–1–5

（五）临行鸳鸯脚闭手挺身

1. 重心移至左脚，起右鸳鸯脚踢至裆高，脚面绷平；目视右脚方向。（图6–1–6）

图6–1–6

图6–1–7

2. 左转身，右脚落在左脚前，两腿稍弯曲。（图6–1–7）

3. 左脚向后撤一步成右寒鸡步（即右虚步）；两手变掌向下划弧再向前推出，右掌指尖与眼同高，左掌摆至右臂内侧，为右闭手；目视右手。（图6–1–8）

图6–1–8

【用法】

接上，我打崩捶，同时，起右脚踢裆，力达脚尖，随后向后站步，闭手挺身。

注：以上几手，出乎自然，绝无刚气。

（六）左搓捶右顿肘

右脚向后撤一步成左虚步；右手外旋握拳收至右腰间，拳心向上；左掌内旋握拳向前冲出，拳心向下；目视左拳。（图6–1–9）

【用法】

接上，我闭手挺身，人若黏手进打，我右手勾採，出左拳接打面门，力点在左拳拳面。

图6–1–9

（七）进步承摇步入

1. 左虚步不变；左拳回收至耳边，拳心向外。

2. 右脚向前进步成螳螂步；右拳内旋向前冲出，拳心向下；目视右拳。（图6–1–10）

图6–1–10

3. 起身成右高虚步；右拳拉至右太阳穴外，拳心斜向右；左拳内旋向前冲出，拳心向下；目视左拳。（图6–1–11）

图6–1–11

（八）缠鞭过耳

向前探身，右脚踏实；屈左臂回收至头左后方；右拳向前打出与耳门同高；目视右拳。（图6-1-12）

【用法】

人来左手打我上部，我左手勾封，用右拳打人左耳门，力点在右拳拳轮。

图6-1-12

（九）鸳鸯脚探捶闭手挺身

1. 右拳打缠鞭；随起鸳鸯脚踢裆，脚面绷直。（图6-1-13）

图6-1-13

2. 震右脚提左脚成右独立步；两拳向上、向前、向下砸出，右拳在前，拳心向上，左拳在后，拳心向下；目视两拳。（图6-1-14）

图6-1-14

3. 左脚向后落步成右虚步；两手变掌，由上向下贴身划弧，头随手转，右手立掌，掌心斜向左，指尖与眼高，左手立掌摆至右臂内侧，掌心斜向右。（图6–1–15）

【用法】

接上，我用缠鞭打耳门，人闪，紧接用右脚踢裆，力达脚面，对方弯腰躲闪，我趁机用双拳砸向对方头部，力点在右拳，然后闭手挺身。

图6–1–15

（十）翻身扒山手

1. 右虚步不变；右手向右封打；左手向右封採；目视双手。

2. 向前进左脚成左踏鸡步；右掌向前推出，掌心斜向前；左手握拳置于右臂下；目视右掌。（图6–1–16）

图6–1–16

【用法】

人来右手，我即用右手採叫手腕，左手拿住右前臂，用左脚勾住对方右脚，右掌侧砍对方面门，力点在右掌小指边沿。

（十一）偷展底漏圈

1. 右脚向右前进一步；右手向下、向后稍收；左手向左摆；随身体目视前方。（图6-1-17）

图6-1-17

图6-1-18

2. 左脚向前上步并向右踐；右掌变拳由右下向左上划弧，拳心向下；左手握拳拉向左侧，再变掌回到右侧，扶在右前臂上；目视右拳。（图6-1-18）

【用法】

接上，我右掌侧砍对方，人来手招，我左手偷展人左手，左脚向右踐人小腿，用底漏圈捶打对方上部即倒，力点在右拳拳眼。

（十二）左封右隔肘右搓捶

1. 左脚向左前方进一步，提右腿成左独立步；左手向右封；右拳外旋右摆；目视右拳。（图6-1-19）

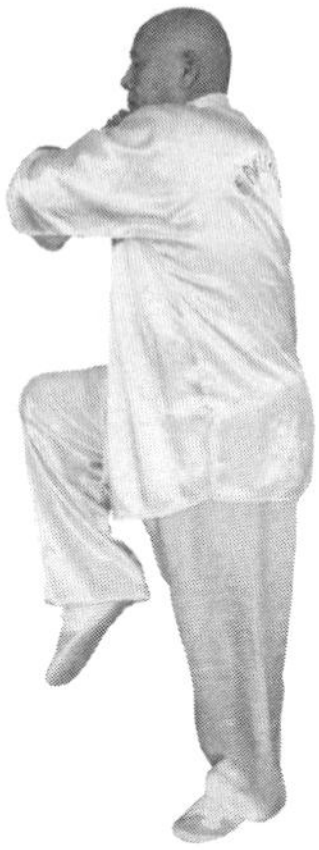

图6-1-19

图6-1-20

2. 右脚向右前落成螳螂步；左掌变拳，右拳内旋，两拳向前冲出，拳心向下；目视双拳。（图6-1-20）

【用法】

接上，人若闪出底漏圈捶，来右手，我即左手一封，右隔肘打人耳门。人闪出，我即左闭右搓捶或双捶打人心窝，力点在双捶拳面。

（十三）起身白猿偷桃

1. 起身，右脚稍回收；右拳向前、向上摆出；目视右拳。

2. 向右转身，抬左脚向前跳，右腿屈膝提起；同时，右手取发往后擒，两拳拳心向下；目视双拳。（图6-1-21、图6-1-22）

【用法】

人来右手，我随即右手勾其手腕，左手勾其右手臂，右手松开再向上抓发往后擒（右手抓发要长），同时，提右膝顶撞对方的上部或裆部，力点在右膝尖。

图6-1-21

图6-1-22（附图）

（十四）回身反尖脚

向左转身，右脚落地震脚，左脚提起向左踢；两拳变掌向左封。（图6–1–23）

【用法】

我起身往后擒，人漏来右手，我回身中门双手一闭，同时起左脚脚尖踢裆，力点在左脚脚尖。

注：手脚齐到方妙。

图6–1–23

图6–1–24

（十五）下步燕子掠水

1. 左转身90°，向左落左脚，成侧身寒鸡步（即侧身虚步）；两手变勾向两边分开，勾尖向下；目视前方。

2. 下肢不变；两手向两边、向上、向内交叉摆至耳门高，右手变拳，拳心斜向下，左手变掌扶在右前臂上。（图6–1–24）

【用法】

人来手，我双手中门向两边分开，反上右圈捶打耳门，力点在右拳拳眼。

（十六）入步双封锁口

1. 起身，右转90°；右拳变掌向右封採；左掌收至腰侧。（图6-1-25）

图6-1-25

图6-1-26

2. 右脚向前进一步成螳螂步，身向前探，重心在右腿，左脚脚跟抬起；同时，右掌变拳向前冲出，拳心向下；左手握拳在右臂下；目视右拳。（图6-1-26）

【用法】

人来右手，我转身进右步，外门右勾左封，右拳捶打锁口，力点在右拳拳面。

（十七）偷展斜分盘肘

1. 左转身，左脚向右脚后撤一步；屈右臂，右拳摆至身体左侧；左拳变摆至右臂下；目视右方。（图6-1-27）

图6-1-27

2. 左转腰，右脚先向前再向后放蹬踏步；屈右臂摆至身前，右肘肘尖向右；左掌扶在右前臂上；目视右肘。（图6-1-28）

【用法】

接上，我右手打人锁口，人左手招架，我左手底漏偷展人手向左拉，用右盘肘打人上部，右腿蹬人右腿放蹬踏步，力点在右小腿，盘肘力点在右肘肘尖。

图6-1-28

（十八）急打燕子投井

1. 提左腿；左掌内旋向左下方摆。

2. 落左脚成螳螂步；右拳向下砸，拳心向内；左掌上提，掌心向右；目视右拳。（图6-1-29）

【用法】

接上，我用右盘肘，人倒地用脚踢我或来手，我用左手封对方脚或手，用右捶打对方的头部至底，力点在右拳拳面。

图6-1-29

（十九）起身鳌鱼侧身脚

1. 起身右转成右虚步；右拳内旋变掌向右封；左掌摆在右胸前；目视右掌。（图6–1–30）

图6–1–30

图6–1–31

2. 接上式，踢右脚至裆高，脚面绷平；目视右脚。（图6–1–31）

【用法】

人后面来右手打我上部，我右手外一封，同时左侧身右脚踢裆，力点在右脚尖。

（二十）左封右崩捶

向左转身，右腿支撑，左腿提起；同时，右拳向右上崩出，拳心向左；左手握拳；目视前方。（图6–1–32）

【用法】

接上，我起脚，人来招架，我左手封，右捶崩打人面门，力点在右拳拳背。

图6–1–32

（二十一）回身翻车至底

1. 左转身90°，左脚向前进一步；左拳向前砸出，拳心向下；右拳收至腰侧；目视左拳。（图6-1-33）

图6-1-33

图6-1-34

2. 右脚向前进步成螳螂步；左拳收至右胸前，拳心向右；右拳向前砸出，拳心向左；目视右拳。（图6-1-34）

【用法】

人左面来手，我左反捶劈人面门，反身上右步，右捶打人面门，力点在双拳拳轮。

（二十二）起身朝天一炷香插肘

1. 右拳外旋向前、向上打至与鼻同高，拳心向内；左拳变掌向右摆至右臂内侧，掌心向右；目视右拳。

2. 右拳内旋向内、向下划弧并向前摆至心窝高，拳心向右；左掌在右臂内侧，掌心向右；目视右拳。

【用法】

人来右手，我左手一闭，右捶中门打锁口，即打下额，力点在右拳拳面。人招，随左手上挑，右捶反肘直插对方心窝，力点在右拳拳面。

（二十三）崩捶变玉环

1. 起身，重心移至右腿；左手向前、向右封；右拳变掌外旋摆至右胸前。

2. 向右扭腰转身，两腿交叉成玉环步；左掌向前插出与颈同高，掌心向上；右掌收在右胸前；目视左掌。（图6-1-35）

图6-1-35

图6-1-36

3. 向左扭腰转身，进左脚成螳螂步；左手内旋，两手向左摆出，掌心均向左；目视左掌。（图6-1-36）

【用法】

接上，我打插肘，人招，我左封，出右崩捶打人面门，力点在右拳拳背，人招，我上左反掌勾对方脖子向左拉，右手隔肘捶打人心窝，两手同时向左用力。

（二十四）硬起隔肘至膝

1. 左转身，左脚向后撤半步，提右腿成左独立步，向左闪腰；同时，屈左臂左手握拳拉至左肩外，拳心向左；右手握拳，由右膝前从左摆至右，拳背向右；目视右拳。

2. 左独立步不变；右拳反上向左摆至耳门高，拳心向下；左拳变掌向右摆，扶在右前臂上。

3. 右转身，右脚向右前进步成螳螂步；左手握拳屈左臂摆至左后方；右拳外旋摆至右膝前；目视右拳。（图6-1-37）

图6-1-37

（二十五）转打海底取宝

左转身，右脚向后撤一步成右虚步；右拳内旋变勾向左摆至裆高，勾顶向左；左拳变掌置于右臂内侧，掌心向右；目视右手勾。（图6-1-38）

【用法】

接上，人招，我右拳随转里门变勾打裆，力点在勾顶。

图6-1-38

（二十六）进步玉女绣花（又称金龙锁口）

1. 接上式，右转身；右臂担平，右手勾勾尖向上，左手变勾置于右臂上，勾尖相对；目视右手勾。（图6-1-39）

2. 右脚上步成螳螂步；两手勾变掌像抱球一样滚动向左转，转到右手在上、掌心向下，左手在下、掌心向上；目视两手。

【用法】

人来右手，我左手一闭，拿住人手腕，右手拿住人肘后，向右、向上翻手腕，左手拿住肘后向左、向上翻（这是翻关节擒拿动作）。

图6-1-39

（二十七）阳钩叫插捶

1. 右脚后撤步成右虚步；右手外旋，左手内旋，右手在下，左手在上，掌心相对，向后拉至右腰间；目视双手。（图6-1-40）

图6-1-40

图6-1-41

2. 向前进右步成螳螂步；同时，右掌变拳内旋向前冲出，拳心向左；左掌在右臂内侧立掌，掌心向右。（图6-1-41）

【用法】

人来右手，左手阴勾拿住人手腕，右手阳勾转中门拿住人肘后，往我右肋下一叫，随右手放开插捶打心窝，力点在左拳拳面。

（二十八）护眼搓掌打闭手挺身

1. 右脚稍微后撤成高虚步；右拳外旋收回腰间，拳心向上；左掌内旋向前打出横掌；目视左掌。（图6-1-42）

图6-1-42

图6-1-43

2. 向前进右步成螳螂步；左掌外旋收于腰间，掌心向上；右拳内旋变横掌向前打搓掌；目视右掌。（图6-1-43）

3. 起身成右虚步；两掌向前推出，右手立掌，掌指与眼同高，右臂稍弯曲，左掌立掌在右肘弯处，掌心向右；目视右掌（此为右虚步闭手挺身）。（图6-1-44）

图6-1-44

（二十九）玉环步双封双邦肘

1. 向左扭腰转身；右掌外旋向左摆，掌心向上；目视右掌。（图6–1–45）

2. 向右扭腰转身变玉环步；两手变勾拉至右胸前，勾尖向下；目随双手勾转。（图6–1–46）

图6–1–45

图6–1–46

图6–1–47

3. 进左步再向左扭腰转身成玉环步；两手勾变掌，立掌向左摆，稍比胸高，两掌掌心向前；目随手转。（图6–1–47）

图6–1–48

4. 右转身进右步成螳螂步；同时，两掌变拳向前推出，右拳在前，拳心向下，左拳在后，拳心向下，拳面顶在右拳拇指侧；目视双拳。两拳向前推出为双邦肘，两臂稍弯曲。（图6–1–48）

【用法】

人来右手，我右手摆在人右手上，随变双手勾，勾住对方手腕向右拉，随上左步，双手变立掌向左封，急进右小步用双邦肘打对方心窝，力点在右拳拳轮。

（三十）左封右崩捶

起身成右高虚步；左拳变掌向前、向下封，右拳在左掌内内旋，拳心向内，向前崩出与眼同高，拳背向前，随即左掌变拳置于右肘下，拳心向下；目视右拳。（图6-1-49）

【用法】

人来手，我左手封下，出右崩捶打面门，力点在右拳拳背。

图6-1-49

（三十一）勾打掌手雷

1. 高虚步不变；右拳变勾向右摆，再向后、向上拉至右太阳穴外，高于头顶，勾尖向下；左掌变勾向右勾拿；随身体目视前方。（图6-1-50）

图6-1-50

2. 向前进右步成螳螂步；右手勾向前打至面门时快速伸开，全掌扣在面上，掌心向下；左手勾变掌收在右手下，掌心向上；目视右掌。（图6-1-51）

【用法】

接上，我打崩捶，人右手招架，我右手勾其手腕，左手採其小臂，提右手勾，再向前打对方面门，力点在右掌心，右手勾必须在最后用爆发力时才快速伸开，全掌扣在面上。

图6-1-51

（三十二）电掌手

左脚外摆，向左扭腰转身180°；左手变勾，勾尖斜向前；右掌向右摆至与颈同高，掌心向上；目视右掌。（图6-1-52、图6-1-53）

图6-1-52

图6-1-53（附图）

【用法】

接上，我打人锁口，对方右手招，我左手勾采向左，右掌打其颈，力点在右掌小指边沿；同时，右腿插在对方右腿前，向后放蹬踏步。

（三十三）顺风扫落叶叶里藏花

1. 向右转身180°，向前进右步成螳螂步；右掌内旋向前摆出，掌心向下；左手勾向后拉至左腋窝处，勾尖向下；目视右掌。

2. 右脚后撤成右虚步；右掌向后摆至左胸前，掌心向内；左手变掌向前摆出，掌心向上；随身体目视前方。（图6-1-54）

3. 向前进右步成螳螂步；右掌内旋向前摆出，掌心向下；左掌变勾向后拉至左腋窝处，勾尖向下；目视右掌。

【用法】

右掌反背手打人锁口，人招，我左手阴勾向后采，小步前进，再用掌背打人锁口。连续进步打三次，力点在右手背小指一边。

图6-1-54

（三十四）双封仙人取发至底

1. 左腿伸直成右弓步；右掌变勾，屈臂向后拉，勾尖向下；左手勾变掌摆向右前方，再握拳置于右手前；随身体目视前方。

2. 向右扭腰转身约90°，双腿下蹲成螳螂步；两手握拳向右下拉至右腿外，拳与膝下部同高，两拳心向内；目视双拳。（图6-1-55）

图6-1-55

【用法】

接上，我打人锁口，人右手招，我右手勾住对方手腕，左手採住对方肘部；起身右手外门取发拉至底。

（三十五）立正收势

1. 向右转身，左脚向右脚并拢；两手下落，两掌向两侧上方举起；目视前方。

2. 两手内旋摆至身前，再收于胯两旁，掌心向内，五指并拢；目视前方。

第二节　拳中摘要二段

一、拳谱

（一）预备式	（二）转身左指路
（三）鳌鱼侧身连环脚	（四）双封双腆肘左採右盘肘
（五）右隔肘右搓捶	（六）翻身顺手牵羊锁口捶
（七）偷展隔肘随	（八）合手走马双扣
（九）双捆圈曲窝里刨	（十）连环实难招
（十一）海底取宝	（十二）左封右叠肘

(十三)临行鸳鸯脚下步左闭手
(十四)闪步斜圈捶
(十五)侧身鸳鸯脚闭手挺身
(十六)进步力劈迎门取当中
(十七)回手崩捶卷的凶
(十八)回身尖步左钓鱼
(十九)立正收势

二、动作分解与用法

(一)预备式

1. 两脚并立;两臂下垂,五指并拢,掌心向内;目视前方。(图6–2–1)

图6–2–1

2. 掌心向上,掌尖相对,两掌由丹田(脐下三寸之处)提至胸前;同时,脚后跟提起;吸气。(图6–2–2)

图6–2–2

3. 两掌向内翻转,掌心向下,两掌下按,气沉丹田;同时顿足,呼气。两掌变拳收至腰间,拳心向上;目视前方。(图6–2–3)

图6–2–3

（二）转身左指路

1. 两拳从腰间内旋向外、向上、向内划弧交叉立于头上，右拳在内，左拳在外；目视双拳。（图6–2–4）

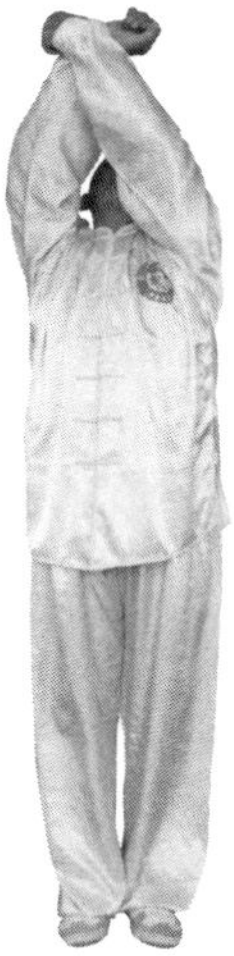

图6–2–4

2. 左脚向左跨一步，向左拧腰转身90° 成螳螂步；左前臂内旋，右前臂外旋，随转身向左挂出，右拳心向内，左拳心向外，高于胸部；目视前方。（图6–2–5）

图6–2–5

（三）鳌鱼侧身连环脚

1. 左拳变掌内旋，掌心由左前向左后摆出；右拳收至腰间；同时，左脚向前踢出，脚面绷直。（图6-2-6）

图6-2-6

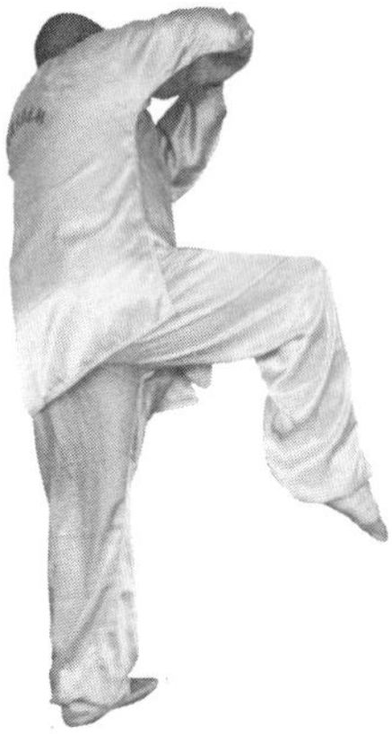

图6-2-7

2. 向左转身，随右脚弹跳，向前踢出连环脚，脚面绷直；同时，右拳内旋向右、向上、向左划弧摆出，高与耳平；左掌扶在右腕处；目视右拳。（图6-2-7）

【用法】

人右手打我上部，我左掌向左封出，起左右连环脚踢对方裆部或腹部，力达左右脚尖，同时用右拳拳眼打对方耳门，力点在右拳拳眼。

（四）双封双腆肘左採右盘肘

1. 右脚在左脚前落地，向右转腰变玉环步；右拳内旋刁拿；左掌变拳，内旋屈肘向左上方摆动；目视左肘方向。（图6-2-8）

图6-2-8

2. 腰向左扭转，上左步；左拳变掌向前、向左勾採，右肘向左前方摆动出击，左掌扶在右腕处；目视右肘方向。（图6-2-9）

【用法】

人来右手，我右手勾住，用左肘打对方右肋，人来左手，随用左手勾採，用右盘肘打对方左肋，力点在左右肘。

图6-2-9

图6-2-10

（五）右隔肘右搓捶

1. 右脚向前一步成螳螂步；右盘肘变拳，由左向前、向右下方摆动，拳心向左；左拳摆至右臂内侧，拳心向右；目视右拳。（图6-2-10）

2. 向后转身成螳螂步；左拳向左划弧收至腰间；右拳向左下击出，拳心向内，拳面向下，至离地面10厘米；目视右拳。（图6-2-11）

【用法】

接上，我打右盘肘，人倒地起脚，右格肘砸脚，随转身左手封人手，用右拳打人面门，力点在右拳拳面。

图6-2-11

（六）翻身顺手牵羊锁口捶

1. 向右转身180°，随即变玉环步；右拳变掌，掌心向下，左掌外旋，两掌向右上方推出，再变拳向右后拉至身前，左拳心向上，在右拳前，右拳心向下；目视两拳。（图6-2-12）

图6-2-12

图6-2-13

2. 起身，两脚不变；右拳向前冲出；左拳置于右腋下；目视右拳。（图6-2-13）

【用法】

人右边右手压顶打来，我右转回身，使阴阳勾子往后面一叫，随出右拳打人锁口。

（七）偷展隔肘随

左转身，进左步成螳螂步；左拳外旋变掌，在右前臂下握拳向左刁，与左太阳穴同高，拳心向左；右拳外旋向左摆，拳心向上，与心窝同高；目视右拳。（图6-2-14）

【用法】

用锁口捶打对方，人左手招架，我即用左手擒拿住人左手腕，向左刁，用右拳拳轮打人左肋，力点在右拳拳轮。

图6-2-14

（八）合手走马双扣

1. 右转身，右脚垫步；两手变掌交叉置于身前，与心窝同高，右掌心向上，左掌心向下。随即再向右转身；右掌变拳内旋拉至身体右侧，拳心向下；左掌变拳外旋拉至胸前，拳心向上；目视左前方。（图6-2-15、图6-2-16）

图6-2-15

图6-2-16

2. 左脚向前成踏鸡步；左拳拳心向下，右拳拳面顶在左拳拇指处，向前冲出，与心窝同高；目视双拳。

【用法】

我打右隔肘，人若右手封，我右手阴勾、左手悬捶，双手向后叫再进双邦，打人上部。

（九）双捆圈曲窝里刨

图6-2-17

1. 向左转身，右脚向前进步；左拳外旋向左下划弧，右拳向右、向前、向下砸，拳心向左，随即左拳变掌托在右前臂下，掌心向上；目视右拳。

2. 成右寒鸡步（虚步）；右拳外旋向右划弧停于右腰间；左手向右划弧停至身前，掌心斜向下；目视左掌。（图6-2-17）

【用法】

人出右手，我即进右步左封右捆，人来手，我右挑左封。

（十）连环实难招

1. 接前式，重心前移，左脚跟抬起；右拳内旋向前冲出；左掌拉回左腰间，掌心向右；目视右拳。（图6–2–18）

图6–2–18

2. 活步变右寒鸡步（虚步）；右拳拉回至腰间，拳心向上；左掌变拳向前冲出（图6–2–19）。随即右手向左前方一封后进右步成螳螂步；随后出左掌；右掌置于左臂内侧。（图6–2–20）

图6–2–19

图6–2–20

（十一）海底取宝

接上式，向左扭腰侧身90°，变成右侧身寒鸡步；右掌内旋向右侧打出，掌指与裆同高，掌心向后；左掌变拳收于左腰间。（图6–2–21）

图6–2–21

（十二）左封右叠肘

接上式，右脚向前进步成半马步；左拳变掌内旋向右划弧，右掌变拳至右胸前，屈肘向前、向下击出，左掌按于右拳下；目视右肘。（图6-2-22）

【用法】

人来手我左封，用右叠肘打人心窝，力点在右肘肘尖。

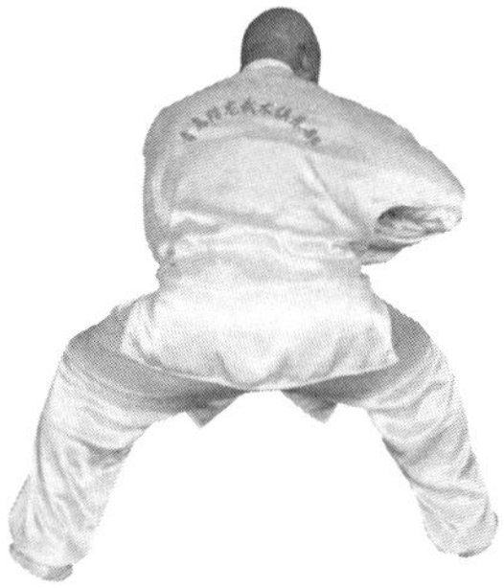

图6-2-22

图6-2-23

（十三）临形鸳鸯脚下步左闭手

1. 接上式，右脚提起，脚面绷直向前踢出，高与裆平；左掌变拳收于左腰间；右拳向右上方打出；目视右上方。（图6-2-23）

2. 向右转身180°，右脚落地，左脚脚尖点地成虚步；两手变掌向前推出；目视左掌。（图6-2-24）

图6-2-24

（十四）闪步斜圈捶

接上式，两脚不动；左掌收至右耳处；目视前方（图6-2-25）。右脚向右前弹跳一步，左脚后撤一步成马步；右掌变拳由右下向左上划弧摆至耳门高，拳心斜向下，左掌扶在右前臂上；目视右前方。（图6-2-26）

图6-2-25

图6-2-26

【用法】

人来手打我上部，我左转身用左掌向左封，用右圈捶打人耳门，力点在右拳拳眼。

（十五）侧身鸳鸯脚闭手挺身

1. 接上式，向左转身成寒鸡步；右拳于左耳下变掌。

2. 右掌向右下方斜劈；起右脚，脚面绷直，踢至裆高。（图6-2-27）

图6-2-27

3. 落右脚成右虚步；闭手挺身（图6-2-28）

图6-2-28

【用法】

人来手，我用右掌向右封，随起右鸳鸯脚踢裆，然后闭手挺身。

（十六）进步力劈迎门取当中

图6-2-29

右脚弹跳向前进一步，左脚随跟向前一步；同时，两掌变拳，分别向下、向外、向上、向内划弧摆至身前，两拳心相对；目视两拳。（图6-2-29）

【用法】

我右脚向前弹跳，聚力两拳，右前左后力劈中门，拳心相对，力点在双拳拳轮。

（十七）回手崩捶卷的凶

1. 接上式，起身；右拳向上冲出；左拳置于胸前；目视右拳（图6-2-30）

图6-2-30

2. 右腿迈于左腿前，下蹲成坐盘；左拳不变；右拳置于右耳后。随即起身向前行步。（图6-2-31、图6-2-32）

图6-2-31

图6-2-32

3. 行三步或五步；右拳向前出直拳；左手置于右臂下；目视前方。

【用法】

我双手劈开中门，随即起身用右崩捶打对方面门，力点在右拳拳背。

（十八）回身尖步左钓鱼

1. 接上式；左脚起勾；左拳左挂；右拳左捆。（图6-2-33）

2. 左脚落地，右脚起勾偷展打扑肘；左拳变掌置于右臂下；目视前方。

【用法】

我出右拳，对方用右手上架，我用左手採住对方左手腕向左勾拉，用右臂卡住对方左手腕关节，右脚勾。

图6-2-33

（十九）立正收势

1. 向左转身，右脚向左脚并拢；两手变掌向上、向内、向下划弧收至腹前，掌心向下。

2. 两手外旋置于胯两侧，手心向内，指尖朝下；目视前方。

第三节　拳中摘要三段

一、拳谱

（一）预备式
（二）闭手挺身
（三）右挂左採右扑肘
（四）左採右隔肘
（五）玉女穿梭放滚龙
（六）里门双封双邦掌
（七）闭门取发向后擒
（八）右步左穿捶左随锁口捶
（九）转身右封左扑肘
（十）左封右崩捶临行鸳鸯脚闭手挺身
（十一）开合手左封右崩捶鸳鸯脚
（十二）回身六手翻车
（十三）提折窝里刨崩捶鸳鸯脚
（十四）探捶挺身
（十五）左封右崩捶提左步二郎担山
（十六）进步提劈至底取宝定寒鸡
（十七）双分鸳鸯脚急进双邦掌
（十八）闭手挺身
（十九）立正收势

二、动作分解与用法

（一）预备式

1. 两脚并立；两臂下垂，五指并拢，掌心向内；目视前方。（图6-3-1）

图6-3-1

图6-3-2

2. 掌心向上，掌尖相对，两掌由丹田（脐下三寸之处）提至胸前；同时，脚后跟提起；吸气。（图6-3-2）

3. 两掌向内翻转，掌心向下，两掌下按，气沉丹田，顿足，呼气。两掌变拳收至腰间，拳心向上；目视右方。（图6-3-3）

图6-3-3

（二）闭手挺身

身体右转90°，左脚向后撤步成右虚步；右拳变掌立掌在前，掌心向左；左拳变掌置于右肘弯处，掌心向右，为右闭手；目视右掌。（图6-3-4）

图6-3-4

（三）右挂左採右扑肘

1. 右手握拳向右摆至下颌高，拳心向后；左掌向右摆至身前，掌心向右；随身体目视前方。

2. 左脚向前进左步；左手握拳置于右胸前；右拳内旋屈臂向前推出，拳心向前；目视右拳。

【用法】

对方用右手打我上部，我用右前臂向右挂，左手向右按其肘部，用右扑肘打人面门或胸部，力点在右拳拳根。

（四）左採右隔肘

图6-3-5

左脚向左前方进步，右脚紧跟向前拖步，向左扭腰转身；左拳内旋向左摆至头高，拳心向左；右拳外旋向左摆至胸高，拳心向上；目视右拳。（图6-3-5）

【用法】

接上，我打右扑肘，对方用左手上架，我左手採他招架之手腕向左拉，用右拳拳轮打人腹部或肋部，力点在右拳拳轮。

（五）玉女穿梭放滚龙

1. 回身180° 成螳螂步；右手变勾于怀中放出；左手搭于右前臂上；目视前方。（图6-3-6）

图6-3-6

图6-3-7

2. 右手由右向左上勾后收回至右膝盖处；目视右手勾。（图6-3-7）

3. 向左扭腰转身，左脚上步，右腿蹬直变左弓步；右手勾变拳内旋向左、向前摆至身体右侧，与肩同高；左掌立掌置于右臂内侧；目视右拳。（图6-3-8）

图6-3-8

【用法】

人后面来手，我右转回身，右手在前用勾顶、左手在后用掌向右横闭，随右手内旋取发左手勾人脖后向右后刁拉。

人躲闪，随后右腿插向对方右腿外，向后放蹬踏步，右拳内旋向前用滚龙肘打耳门或脖子，力点在右拳拳背。

（六）里门双封双邦掌

1. 稍右转身，左脚后撤变玉环步；右拳变掌，两掌交叉下落于腹前，右掌在上，左掌在下，掌心均向上。（图6-3-9）

2. 起身；两掌向上、向左摆至左肩前，掌心向后；目视双掌。

3. 左脚向前进左步；两手翻掌向前推出，左掌在前，右掌用小指边沿推左掌背，掌心向前，与心窝同高；目视双掌。

【用法】

人里门来手，我中门双手阳叫，随使双邦掌打心窝，力点在左掌掌根。

图6-3-9

（七）闭门取发向后擒

1. 右脚向前进步；出右掌；左掌收于左胸前，掌心向下；目视右掌。（图6-3-10）

2. 重心后移变右虚步；左掌变勾；右掌内旋变拳，向右摆至身体右侧，拳心向下；目视右拳。

【用法】

人来手，我双手一闭，力点在右勾，紧接右手採发往右后摔。

图6-3-10

（八）右步左穿捶左随锁口捶

1.右脚向前进步成螳螂步；左拳在右臂下向前冲出；右拳收于左臂上，拳心向下；目视前方。（图6-3-11）

图6-3-11

图6-3-12

2. 起身，向左转身成右虚步；右拳向前摆出，拳心向下；左拳收于腰间，拳心向右；目视右拳。（图6-3-12）

3. 右转身上左步；右拳向右挂；左拳由左向右下封；随身体目视前方。

4. 左脚上步成螳螂步；右拳冲出；左手置于右臂内侧；目视前方。（图6-3-13）

图6-3-13

（九）转身右封左扑肘

1. 右转身成左虚步；左拳外旋屈臂向左挂，拳心向后；右拳收于腰间；目视左拳。（图6-3-14）

图6-3-14

2. 向左扭腰转身，右脚向前进步成右虚步；左拳收于腰间；右拳由腰间向左挂，拳与眼平，拳心向后；目视右拳。（图6-3-15）

图6-3-15

【用法】

人来手我左手挂右手拿，左手反上用扑肘打面门，力点在左掌掌根。

（十）左封右崩捶临行鸳鸯脚闭手挺身

1. 接上式，右转身成右弓步；左拳变掌向下封；右拳置于右腹前；目视左掌。（图6–3–16）

2. 右弓步不变；右拳反上向前出崩拳；目视右拳。随即起右脚踢至裆高，脚面绷直；随身体目视前方。（图6–3–17）

图6–3–16

图6–3–17

3. 右脚落在左脚前；屈右臂收至右胸前，拳与眼相平，两手变掌摆向前方，右掌心向左，左掌落至右臂内侧，掌心向右；目视右掌。随即左脚向后撤一步成右虚步；两手变勾向左后拉至左肩前；目随双手转。

4. 右虚步不变；右转身两手变掌向前推出，右掌指与眼高，掌心向左，左掌在右臂内侧，掌心向右；目视右掌。

【用法】

接上我左扑肘打面门，人招，我左手封，随右崩捶打面门，力点在右拳拳背，同时起右脚踢裆，力达脚尖，撤左脚，闭手挺身。

（十一）开合手左封右崩捶鸳鸯脚

1. 出右步，左脚向前跳一步，右脚再向前一步落右小步；两手分别向下、向外、向上、向内划弧摆落于腹前变拳，随即两拳向下劈砸。

2. 起身；右拳外旋向前出崩捶，高过头顶；左拳变掌内旋置于右肘下，掌心向下；目视右拳。

3. 起右鸳鸯脚踢裆；两手收至腹前；目视前方。

（十二）回身六手翻车

1. 右脚震脚，向左扭腰转身，左腿提起脚面绷直成右独立步；左掌变拳向下封。随即快速向左转头；右拳直臂向上冲出，拳心向左；左拳停在右腋窝处，拳心向右；目视左前方。（图6-3-18）

图6-3-18

图6-3-19

2. 左转身，左脚向前落步成左弓步；左拳向前砸出；目视左拳。（图6-3-19）

3. 右脚向前进步成右弓步；右拳向前打至肩高，拳心向左；左拳摆至右臂内侧，拳心向右；目视右拳。随即出左直拳，右拳置于左臂弯处。（图6-3-20）

图6-3-20

4. 随即微蹲向前蹿跳；右拳向前、向上冲出后向左封，身体在空中完成左手由下向上划弧捆打。（图6-3-21）

图6-3-21

图6-3-22

5. 上右步；左拳由下向上划弧摆至头上；右拳向右下划弧，随后落至右膝前；目视右拳。动作连续做三次。（图6-3-22）

【用法】

人后面来手，我左转回身用左捶拳轮迎面打下，右捶自右向后打下，力点在双拳拳轮。

人距离远，我蹿跳走出，用右拳打锁口捶，随左护右崩捶打下，左捶反上打下，右捶反上打下，力点都在左右拳轮。

6. 右脚后撤成右虚步；右臂提起向上格打；左掌顺势向下封（图6-3-23）。随即变为螳螂步；右臂向下格打至膝盖；左掌顺势向上封（图6-3-24）。动作连续做三次。

图6-3-23

图6-3-24

（十三）提折窝里刨崩捶鸳鸯脚

1. 下肢不变；右拳自膝盖收回怀中出崩拳；左掌置于右胸前；目视右拳。（图6-3-25）

图6-3-25

图6-3-26

2. 向前探身后变虚步；左手向右下封，后变拳收于左腰间，右拳由腰间出拳，后随变虚步拉回，拳与眼平；目视右拳。重心落在左脚，提右腿踢鸳鸯脚，脚面绷直。（图6-3-26）

3. 向后撤身，重心落在左脚；同时右拳收在右胸前，拳心向后；随身体目视前方。

【用法】

接上，我出右捶打肋，人招，我左手封，随出右崩捶打眼，人向后仰身躲闪，我随起鸳鸯脚踢裆，力达脚尖，右崩捶力点在右拳拳背。

（十四）探捶挺身

1. 落右脚提左腿成右独立步，后向前探身；同时两拳向左后、向上，再向前、向下划弧砸至与胸同高，右臂伸直拳背向下，左拳拳心向下；目视右拳。（图6-3-27）

图6-3-27

图6-3-28

2. 左脚向后落步成右虚步，身向左转；两手变勾从左后拉至左肩前。随即向右转身；两手变掌向前推出，右掌指在前，与眼同高，左掌在右臂肘窝处；随身体目视前方。（图6-3-28）

【用法】

接上，我右脚踢裆，人哈腰躲闪，我用右探捶打头，力点在右拳拳背，随做闭手挺身。

（十五）左封右崩捶提左步二郎担山

左掌在右手前向下封，两手变勾，右手勾向身前、左手勾向身后崩出，勾尖相对；同时左脚向前踢出与裆同高；目视前方。（图6-3-29）

【用法】

接上，我打双邦掌，人招，我左封用右崩捶打面门，用左脚踢裆，空身左封反手向后打，力点在双拳拳背，左脚踢裆，力达脚尖。

图6-3-29

（十六）进步提劈至底取宝定寒鸡

1. 落左脚向左后转身，提右腿成左独立步，脚面绷直；同时左手变掌向右下封，右手勾随转身由右向左划弧摆至与鼻同高，勾尖向下，随即左掌收至右臂内侧，掌心向右；目视右手勾。（图6-3-30）

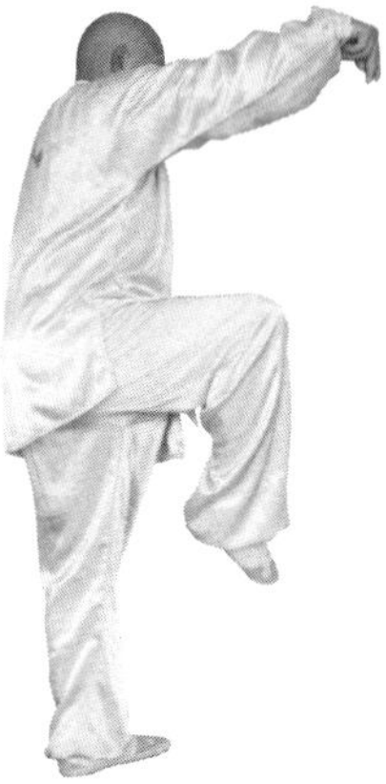
图6-3-30

2. 右脚向前落步；右手勾变掌向下劈；目视右掌。（图6-3-31）

图6-3-31

（十七）双分鸳鸯脚急进双邦掌

1. 接上式，两掌由中间向上、向两边分开；同时踢鸳鸯脚至裆高，脚面绷直；目视前方。（图6-3-32）

图6-3-32

图6-3-33

2. 右脚向前落右步成螳螂步；同时两掌由两边划弧向内收至心窝前，随即交叉向前推出，掌心向前；目视两掌。（图6-3-33）

【用法】

人来手，我双手向上、向外一分，即起鸳鸯脚踢裆，力达脚尖。人哈腰躲闪，我双手急进双邦掌打胸，力点在右掌小指边沿一侧。

（十八）闭手挺身

向后撤身成右寒鸡步；两手变勾向左后拉至左肩前；目随手转。随即向右稍转身，两手变掌向前推出，右掌在前，掌指与眼同高，左掌在右肘弯处，掌心向右，掌指稍高于肘；目视右掌。（图6-3-34）

图6-3-34

（十九）立正收势

向右转身90°，右脚向左脚并拢；同时两手内旋向下落再向上，双掌内旋划圆收至腹前，然后两臂自然下垂。

第四节　拳中摘要四段

一、拳谱

（一）预备式
（二）闭手挺身
（三）里引针
（四）阴阳勾子蹬踏掌
（五）进步出阳掌
（六）腆肘护中堂
（七）翻天覆地分阴阳
（八）虚身勾搓两分张
（九）护身粘肘崩捶打
（十）左叫右插隔肘下
（十一）螳螂双闭擎
（十二）斜分蹬踏
（十三）转身取发伏地下
（十四）左封刺肋脚
（十五）双勾玉环鸳鸯脚
（十六）探捶挺身
（十七）进步先取眼粘手摘瓜献
（十八）底叫双邦掌
（十九）左封右崩点偷展先磨盘
（二十）提手阳掌打
（二十一）粘拿天分打
（二十二）见手双闭下
（二十三）双提双剁砸
（二十四）起提天分手
（二十五）右展左刮下
（二十六）结怀脚入裆
（二十七）右手隔肘下
（二十八）采手迎面打底漏挂耳环
（二十九）左封右崩捶
（三十）临行鸳鸯脚闭手挺身站
（三十一）流星赶月连环打
（三十二）崩捶鸳鸯脚
（三十三）闭手挺身寒鸡立
（三十四）立正收势

二、动作分解与用法

（一）预备式

1. 两脚并立；两臂下垂，五指并拢，掌心向内；目视前方。（图6-4-1）

图6-4-1

图6-4-2

2. 掌心向上，掌尖相对，两掌由丹田（脐下三寸之处）提至胸前；同时，脚后跟提起；吸气。（图6-4-2）

3. 两掌向内翻转，掌心朝下，两掌下按，气沉丹田，同时顿足，呼气。两掌变拳收至腰间，拳心向上；目视前方。（图6-4-3）

图6-4-3

（二）闭手挺身

1. 左脚向后退一步；两手变勾向左后拉至左肩前；目随手转。

2. 向右转身成右虚步；两手变掌向前推出成右闭手，右手在前，掌心向左，左掌在右肘内侧，掌心向右，掌指稍高于右臂；目视右掌。（图6–4–4）

图6–4–4

（三）里引针

右脚向前进步成螳螂步，左手向右封，落于左胸前；右手变勾向前、向右摆出，勾尖向左；目视右手。（图6–4–5）

图6–4–5

【用法】

人来手打我上部，我左手一闭，右手使穿梭打人锁口，力点在右手勾勾顶。

（四）阴阳勾子蹬踏掌

1. 向右转身，左脚上步变玉环步；左手变勾向前推出；右手勾变掌置于右胸前；目视左手勾。（图6-4-6）

图6-4-6

2. 左脚向前一步，右脚提起成左独立步，脚面绷直；左勾手变掌，两掌收至右腰侧，右掌在下，掌心向上，左掌在上，掌心向下；随身体目视前方。

3. 向左转身，右腿伸直由前向后蹬出成弓步；屈右臂向左前打出，掌心向前；左掌变拳收在右胸前，拳心向右；目视前方。

【用法】

接上我打锁口，人招，我右手封，左手里面中门取发。人招，我使阴阳勾子一叫。右腿由前向后蹬人右腿，力点在右小腿，同时用掌打人锁口或胸部，力点在右掌掌根。

（五）进步出阳掌

右脚向前进步成螳螂步；右掌变阳掌向前打出，掌背向前；左拳变掌在右臂肘窝处，掌心向下；目视右掌。（图6-4-7）

图6-4-7

【用法】

我出右手阳掌迎面打对方面门，力点在右掌掌背。

（六）腆肘护中堂

右脚向后撤步成右虚步；右掌变拳屈肘向前、向下砸，左掌变拳在右前臂上，右拳再向前、向上打至与嘴同高，拳心向后；目视右拳。（图6-4-8）

图6-4-8

【用法】

接上，人粘手前进，我向后撤步随用前肘打心窝，力点在右肘尖。人哈腰躲闪，随起右捶打下颌，力点在右拳拳面。

（七）翻天覆地分阴阳

左脚向后撤成右虚步，左拳变掌向前、向下封，右拳内旋变掌翻上向前打，掌心向前成立掌，左掌在右肘下，掌心向上；目视右掌。

【用法】

接上我捶打锁口，人招，我左手向下封，右手翻上用阴掌打面门，力点在掌心。

（八）虚身勾搓两分张

1. 接上式，进右步成螳螂步；两掌成掌心相对。（图6–4–9）

2. 起身成右高虚步；右掌变拳拉至右耳侧；左掌变拳向前冲出，拳心向下；目视左拳。（图6–4–10）

【用法】

接上，我打阴掌，对方右手招架，我左手偷展，用右手阳掌捆打，力点在小指一边。人左手招，我右手勾之，即放左搓捶打上部，力点在拳面。

图6–4–9

图6–4–10

（九）护身粘肘崩捶打

图6–4–11

1. 向左转身180°，右腿向后蹬成左弓步；屈左肘左拳变掌向左摆至左胸前变拳，屈右肘摆右拳至右胸前，拳面相对，拳心向下；目视前方。（图6–4–11）

2. 右脚外摆；右手向右勾拿；左手向右封；随身体目视前方。

3.向后转身，左脚向前进半步；左拳摆至右胸前，拳心向下；右手变锥型拳向前冲出与眼同高；目视右拳。

【用法】

人来右手，我左手一扶，左转身右肘黏打对方心窝，人招，我右手一挂，左手一压，右手反上侧身打锥型捶，用中指打对方眼睛，力点在右拳中指二节骨。

（十）左叫右插隔肘下

图6-4-12

接上式，左脚向左前进步成螳螂步；左拳内旋摆至左太阳穴外；右拳外旋向左下划弧摆至胸高；目视右拳。（图6-4-12）

【用法】

接上我出拳，人左手来招架，我左手偷展，用右拳打隔肘捶于左肋，力点在右拳拳轮。

（十一）螳螂双闭擎

图6-4-13（后视）

身稍右转，起身成左虚步；两手变掌收至身前再向前推出，左掌在前，右掌在后，为左闭手；目视左掌。（图6-4-13）

【用法】

人右边来手，我右转身双手一闭，躲出人手，力点在双手小指一边。

（十二）斜分蹬踏

1. 向右转身90°，右脚向前进步；右手摆至右方，手心向下；左手落至右胸前；目视右手。

2. 左脚向右脚后插步；左手从右手下向左穿出；右手向左、向后划弧落至右腰侧；随身体目视前方。（图6-4-14）

图6-4-14

3. 右脚向右后方放蹬踏步；右手变拳向前屈臂推出，拳心向前；左掌停在右胸前，掌心向右；目视右前方。

【用法】

人右边来手，我右封左展向前打蹬踏掌，力点在掌根，右腿放蹬踏步向右后蹬（此为摔跤动作）。

（十三）转身取发伏地下

1. 向右转身180°，身体立起，右脚外摆，左脚上一步；右手向前採手后拉回；左掌向前封压；随身体目视前方。

2. 左脚向后撤步；右拳变掌向前、向上伸出与头同高，掌心向下；左掌置于右臂下；目视右掌。（图6-4-15）

图6-4-15

图6-4-16

3. 右转身，右腿屈膝下蹲成左仆步；右掌变勾随下蹲拉至头右后上方；左掌拉至右肩前；目视前方。（图6-4-16）

【用法】

人右边来右手我右勾左採，右手外门取发至底。

（十四）左封刺肋脚

1. 起身；两手变拳收至右胸前变掌；随身体目视前方。

2. 稍向左转，左脚向前、向上踢出；左、右掌相对向前摆出后收回腰间。（图6-4-17）

【用法】

人左面来手打我上部，我双手向前、向左封出，起左脚横刺肋，脚面绷直，力点在左脚掌外沿小趾一边。

图6-4-17

（十五）双勾玉环鸳鸯脚

1. 向右稍转身，左脚落地；左掌收于右耳侧；右掌变拳收于腰间；目视前方。（图6-4-18）

图6-4-18

图6-4-19

2. 起左脚踢鸳鸯脚，脚面绷直；左掌收于左腰间；目视右脚。（图6-4-19）

（十六）探捶挺身

1. 左脚震脚落下，提左腿成右独立步，随即向前探身；左掌变拳，两拳随探身向上、向前砸出与胸同高，右拳在前，拳心向上，左拳在后，拳心向下；目视右拳。（图6-4-20）

2. 左脚向后落步成右虚步；两手变勾向后拉至左肩前再变掌向前推出；目视右掌。（图6-4-21）

图6-4-20

图6-4-21

【用法】

接上，我用鸳鸯脚踢裆，彼躲闪，我随探身捶打对方头部，力点在右拳拳背，鸳鸯脚踢裆，力达脚尖。

（十七）进步先取眼粘手摘瓜献

1. 接上式，右脚向前进一步；右臂向前伸出，掌心向下，中指和食指伸直成插指，指尖分开与两眼宽；左掌拉回无耳侧；目视右手。（图6-4-22）

图6-4-22

2. 右手握拳向后拉；随身体目视前方。

3. 左脚向前进步成螳螂步；左手握拳向右下拉至右侧身前，拳心向上，右拳向左下推出，拳心向下；目视双拳。（图6-4-23）

图6-4-23

【用法】

我用右手二指刺向对方双眼，人招，我黏手抓住对方手腕往后拉，左手反上抓头发或脖后，右手掌根搓嘴，往左放至底，力点在右掌根。

（十八）底叫双邦掌

1. 起身成左弓步；两手变掌，右掌在前，左掌在后，掌心均向上，随即两掌向上、向右叫，掌心向后；目视两掌。

2. 进右步；两掌内旋，掌心向前，两掌向前推出，左掌推在右掌拇指侧；目视两掌。

【用法】

人来手我双勾底叫，往右撩，随使双邦掌打对方心窝，力点在右掌小指边沿。

（十九）左封右崩点偷展先磨盘

1. 起身成右弓步；左掌向下封；右手握拳向前崩出与眼同高，拳背向前；目视右拳。

2. 进左步并向左扭腰；左手握拳从右前臂下内旋向左摆至眉高，拳心向左；右拳向左下摆至与腰平；目视右拳。（图6-4-24）

图6-4-24

【用法】

接上，我打双邦掌，人招，我左手向下封，出右崩捶打面门，力点在右拳拳背。人招架，我左手偷展，用右拳打肋，力点在右拳拳面。

（二十）提手阳掌打

向右后转身180°，进右步成螳螂步；右拳变掌随转身向后划弧再打至对方面门；目视右掌。

（二十一）粘拿天分打

1. 右掌向左封；左拳变掌向右封；目视两掌。

2. 右手变勾向左摆至嘴高，勾顶向左；左掌置于右胸前，掌心向右；目视右手勾。

【用法】

人来手，我右黏左拿用右臂肘打锁口，力点在右勾勾顶。

（二十二）见手双闭下

变右虚步；两手半握拳落至腹前。（图6-4-25）

【用法】

接上，我打锁口，人来手招架，我两手双闭下，打下对方来手，力点在两掌掌根。

图6-4-25

图6-4-26

（二十三）双提双剁砸

1. 右腿前弓成右弓步；两拳提起与嘴同高；目视双拳。（图6-4-26）

2. 左腿拖步成螳螂步；两拳落至膝盖上方；目视双拳。（图6-4-27）

【用法】

人来手打我上部，我起身双臂提人手，力点在双手手背，随两手向胸前剁下，打对方胸部，力点在两拳根。（以上动作两拳都不要握得太紧）

图6-4-27

（二十四）起提天分手

1. 两手变勾，向前提起；目视双手勾。

2. 向右扭腰转身成玉环步；左手变拳向前再内旋向左摆出；右手变拳收至腰间；目视左拳。（图6-4-28）

图6-4-28

图6-4-29

3. 左脚向前进一步成螳螂步，向左扭腰转身；左拳摆至头左侧，与太阳穴同高；右拳向前推出，与膝同高；目视右拳。（图6-4-29）

（二十五）右展左刮下

向左转身，左脚向后撤步成左虚步；右拳变掌内旋向右摆；左拳向右后摆，拳心斜向下，右掌外旋扶在左前臂上；目视前方。（图6-4-30）

图6-4-30

【用法】

人背后打来，我右转回身用右手封，左手打圈捶，力点在左拳拳眼。

（二十六）结怀脚入裆

1. 向左转身；左拳外旋向左摆出，拳心斜向后；右掌向左摆，再变拳收至左腹前，拳心向下；目视左拳。

2. 向左转身，起右脚踢裆，脚面绷直；目视右脚。（图6-4-31）

【用法】

人来左手，我右手拿住对方手腕，用左隔肘打人面门，力点在左拳拳眼，同时向左转身，用右脚踢裆，力达脚尖。

注：此左手结怀，右脚踢裆，左隔肘打人面门，此中门之神招也。

图6-4-31

（二十七）右手隔肘下

右转身，右脚向前落成螳螂步；右拳由左向右打人头部，拳背向右；左拳摆至右臂内侧，拳心向右；目视右拳。（图6-4-32）

【用法】

接上，我右脚踢裆，人哈腰躲闪，我右隔肘打上部至底，力点在右拳拳背。

图6-4-32

（二十八）採手迎面打底漏挂耳环

1. 起身，稍向左转；右拳变掌，向上摆至肩高；左拳置于左腰侧；目视右掌。（图6-4-33）

图6-4-33

图6-4-34

2. 向右扭腰成右弓步；右手向下摆至腰侧握拳；左拳变掌向左上划弧摆至肩高；目视左掌。

3. 向左转身成右虚步；右拳向右上划弧摆至耳门高，拳心向下；左掌扶在右前臂上；目视右拳。（图6-4-34）

【用法】

人来手，我右手封、左手採，右手底漏反上打人左耳，力点在右拳拳眼。

（二十九）左封右崩捶

1. 右转身，向前探身，左脚跟抬起；右拳拉至腹前，左手向前、向下封，掌心向下；随身体目视前方。（图6-4-35）

图6-4-35

2. 左转，继续向前探身；右拳向前、向上打出崩捶，拳背向前；目视右拳。（图6–4–36）

【用法】

接上，我打左耳，人招，我左手封，右手出崩捶打面门，力点在右拳拳背。

图6–4–36

图6–4–37

（三十）临行鸳鸯脚闭手挺身站

1. 右脚向前踢至裆高，脚面绷直；随身体目视前方。（图6–4–37）

2. 向右转身，右脚落在左脚前成右虚步；两手变掌向前推出，为右闭手；目视右手。（图6–4–38）

【用法】

接上，我打右崩捶同时起右鸳鸯脚踢裆，手脚齐到为妙，让对手防不胜防。

图6–4–38

（三十一）流星赶月连环打

1. 右掌外旋变拳收至腰间，拳心向上；左掌向前伸出。（图6-4-39）

图6-4-39

图6-4-40

2. 右脚向前进步成螳螂步；左手外旋变拳拉回左腰间，拳心向上；右手内旋向前冲出，拳心向下；目视右拳。（图6-4-40）

3. 左脚向前进步，起身，右腿提膝，脚面绷直；右拳外旋收至腰间，拳心向上；左拳内旋向前冲出，拳心向下。（图6-4-41）

图6-4-41

图6-4-42

4. 右脚向前落步，左腿拖步，成螳螂步；左拳外旋收至腰间；右拳内旋向前冲出稍高于肩，拳心向下；目视右拳。（图6-4-42）

【用法】

人后退，我紧跟向前蹿跳出右捶打中门，随进步打左搓捶，紧接进步掏心一捶，力点都在拳面。

（三十二）崩捶鸳鸯脚

1. 螳螂步不变，向前探身；右拳拉至腹前；左拳内旋变掌向右下封，掌心向下；目视左掌。（图6-4-43）

图6-4-43

图6-4-44

2. 左转向前弹身，右脚跟抬起；右拳向前崩出与眼同高，拳背向前；左掌变拳收于左腰间，拳心向下；目视右拳。（图6-4-44）

3. 向后撤身，起右脚踢裆，脚尖绷直；两拳收在身前；随身体目视前方。

【用法】

接上，我打掏心捶，对方招架，我即左手封人招架之手，用右崩捶打人面门，力点在右拳拳背，人防崩捶，我即用脚踢裆，力达脚尖。

（三十三）闭手挺身寒鸡立

向右转身，右脚落在左脚前成右虚步；两手变掌向前推出，为右闭手；目视右手。（图6-4-45）

图6-4-45

（三十四）立正收势

1. 向右转身90°，左脚向右脚并拢；两手下落，两掌向两侧上方举起；目视前方。

2. 两手再内旋摆至身前，置于胯两旁，掌心向内，五指并拢；目视前方。

第五节　拳中摘要五段

一、拳谱

（一）预备式

（二）闭手挺身

（三）左右二阴阳

（四）左封右叠肘

（五）右勾左搓捶

（六）左封右崩捶

（七）临行鸳鸯脚闭手挺身

（八）双窝阴阳叠掌

（九）右封双窝擒

（十）粘肘崩捶左阳邦

（十一）双提阳邦打迎面

（十二）顺漏隔肘搓捶下

（十三）白虎洗脸迎面扑

（十四）敲身迎裆鸳鸯脚闭手挺身

（十五）进步出阳掌下步左闭手

（十六）闪步两次斜圈捶

（十七）辘辘捶蹿跳走出

（十八）回身翻车

（十九）侧身鸳鸯脚闭手挺身

（二十）双捆

（二十一）双勾双邦肘

（二十二）双提阳掌打迎面

（二十三）右勾左打连环捶

（二十四）左封右崩捶

（二十五）临行鸳鸯脚闭手挺身

（二十六）立正收势

二、动作分解与用法

（一）预备式

1. 两脚并立；两臂下垂，五指并拢，掌心向内；目视前方。（图6-5-1）

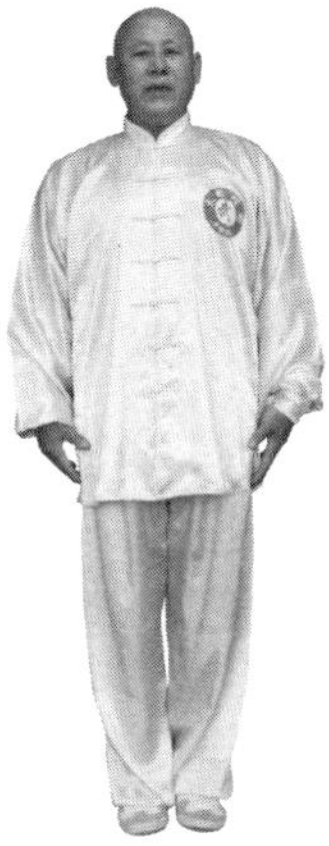

图6-5-1

图6-5-2

2. 掌心向上，掌尖相对，两掌由丹田（脐下三寸之处）提至胸前；同时，脚后跟提起；吸气。（图6-5-2）

3. 两掌向内翻转，掌心向下，两掌下按，气沉丹田；同时顿足；呼气。两掌变拳收至腰间，拳心向上；目视前方。（图6-5-3）

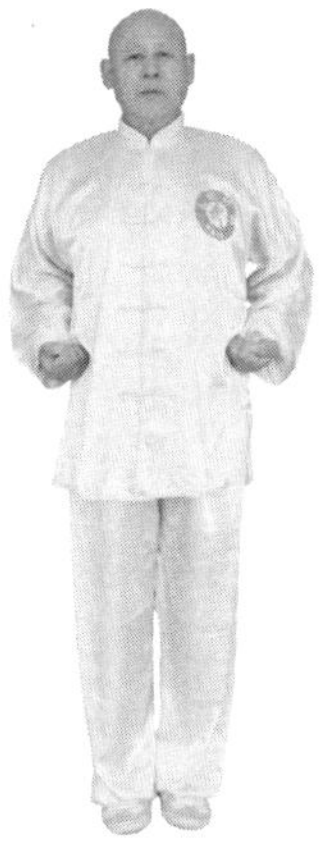

图6-5-3

（二）闭手挺身

1. 稍向右转身，左脚向后撤一步成右虚步；两拳变掌向前摆出；目随手转。（图6–5–4）

图6–5–4

图6–5–5

2. 两手变勾收回后再变掌，向前推出为右闭手，右手指尖与眼同高，掌心向左；左掌摆在右臂内侧，掌指稍高于肘，掌心向右；目视右掌。（图6–5–5）

（三）左右二阴阳

1. 向左转身，提右腿成左独立步；同时左掌内旋向右摆；右掌变拳屈臂向左摆，拳心向后；目视右拳。（图6–5–6）

图6–5–6

2. 向右转身，右脚向前一步成螳螂步；右拳向右前摆出与眼同高，拳心向后；左掌扶在右肘弯处；目视右拳。（图6–5–7）

图6–5–7

图6–5–8

3. 右脚向前进一步，左脚拖步成螳螂步；同时右拳内旋向前冲出，拳心向右；左掌不变；目视右拳。（图6–5–8）

【用法】

人来右手，我左手闭，右捶向左捆打，力点在右前臂，随后向右打耳门，力点在右拳拳眼，紧接用反手插捶打心窝，力点在右拳拳面。

（四）左封右叠肘

接上式，身向左转，屈膝下蹲；左掌向右封；右臂屈肘向右前、向下砸；目视肘尖。（图6–5–9）

【用法】

接上，我打插肘，人下压，我左手封，打出右叠肘，打对方心窝，力点在右肘肘尖。

图6–5–9

（五）右勾左搓捶

右转身成右弓步；右手变勾向后刁拉；左拳向前冲出，拳心向下；目视左拳。（图6–5–10）

【用法】

接上，我打叠肘，人又来捶，我右手向后勾採，随后出左搓捶打面门，力点在左拳拳面。

图6–5–10

图6–5–11

（六）左封右崩捶

1. 右弓步不变；左拳变掌向右、向下封；目视左掌。（图6–5–11）

2. 起身，左转前探；左手握拳拉至腰间；右拳外旋向前上方崩出，拳背向前；目视右拳。（图6–5–12）

【用法】

接上，我打左搓捶，人招架，我左拳变掌向下封，出右崩捶打面门，力点在右拳拳背。

图6–5–12

（七）临行鸳鸯脚闭手挺身

1. 重心移至左脚，随起右鸳鸯脚踢裆，脚面绷直，踢至裆高；两手变掌收至身前；随身体目视前方。（图6–5–13）

图6–5–13

图6–5–14

2. 右脚落于左脚前；两掌向前推出为右闭手；目视右掌。（图6–5–14）

【用法】

接上，我打崩捶同时起鸳鸯脚踢裆，老师常说“崩捶加一脚，神仙都难躲”，随往后站步，闭手挺身。

（八）双窝阴阳叠掌

1. 左脚向后撤一步，右虚步不变；两手合掌向后拉至心窝前；随身体目视前方。（图6–5–15）

2. 右脚向前进步成右弓步；两掌相对向前打出叠掌与面门同高，右掌掌心向后，左掌掌心向前；目视右掌。

【用法】

人用右掌打我上部，我左手擒其手，右手勾其手腕，向后擒，力点在两手掌，紧接双手向前打面门，力点在右掌掌背。

图6–5–15

3. 横打护心掌：右脚向前进步成右螳螂步；左手上架，右手在左手下横掌向前打出，左手收在右臂上，掌心向下；目视右掌。（图6-5-16）

【用法】

接上，我叠掌打面门，人招，我左手上架，右手出横掌打心窝，力点在右小指边沿。

图6-5-16

图6-5-17

4. 左封右搓捶：起身，右脚向后撤成右虚步；左手向前、向下封，随后握拳收在右臂下；右拳向前冲出与嘴同高，拳心向下；目视右拳。（图6-5-17）

【用法】

接上，我打横掌，人招架，我左手封，出右搓捶打锁口，力点在右拳拳面。

（九）右封双窝擒

1. 左脚向后撤，右虚步不变；两手合掌拉至右腰侧，掌心相对；目视两掌。（图6-5-18）

【用法】

接上，我打锁口捶，人来左手招，出右阳掌打我，我左手擒其手，右手勾其手腕向右下。

图6-5-18

2. 偷展斜分盘肘：向左转身180°，右脚向后蹬成左弓步；屈右臂右掌变拳向左摆，置于右胸前，拳心向下；左掌扶在右前臂上；目视右肘尖。（图6-5-19）

【用法】

接上，向左转身，右腿向后蹬人右腿，同时屈右臂用右盘肘打人胸部或心窝，力点在右肘肘尖。

图6-5-19

图6-5-20

图6-5-21（附图）

（十）粘肘崩捶左阳邦

1. 向左转身90°变玉环步；两手合掌拉至右腰间；随身体目视前方。（图6-5-20、图6-5-21）

2. 左脚向前进左步成螳螂步；左掌外旋，右掌内旋向前摆至左腕处，左掌背向前；目视左掌。（图6-5-22）

【用法】

人来手，我双手合掌向右下，用左阳邦向前打对方面门，力点在左掌掌背。

图6-5-22

（十一）双提阳邦打迎面

1. 右脚进步，左脚外摆，向左转身；两手拉至左胸前；随身体目视前方。（图6-5-23）

2. 右脚进右步成螳螂步；两手向前摆至与面门同高，右掌掌背向前；目视右掌。（图6-5-24）

【用法】

接上，人下步，我速上右步双提右阳邦打面门，力点在右掌掌背。

图6-5-23

图6-5-24

图6-5-25

图6-5-26

（十二）顺漏隔肘搓捶下

1. 起身，左脚向前一步；右掌拉至右肩外与头同高；左掌向前摆至裆高。随即右手变拳向左下打，顺势成螳螂步；目视前方。（图6-5-25、图6-5-26）

2. 起身，成右高虚步；右拳拉至右太阳穴外，拳心斜向外；左手变拳向前冲出，拳心向下；目视左拳。

【用法】

接上，我打右阳邦，人上架，下有破绽，我左手勾採，人来招架之手，速用隔肘对裆打下，力点在右掌小指一边；我打裆，人出手下招，我右手拿人手腕，用左搓捶打人面门，力点在左拳拳面。

（十三）白虎洗脸迎面扑

右脚后撤成右虚步；两手迅速变立掌向前扑后再收回，掌心向前；目视两掌。（图6–5–27）

图6–5–27

【用法】

人来手打我心窝，我含胸收腹躲闪，随用双掌打对方面门，力点在双掌掌心。

（十四）敲身迎裆鸳鸯脚闭手挺身

1. 起右鸳鸯脚踢裆，脚尖绷直；两手收在胸前。（图6–5–28）

图6–5–28

2. 右脚经左脚前向后落步，左脚再向后撤步成右虚步；两手变掌向前再向后划弧，随即向前摆出，为右闭手；目视右掌。（图6–5–29）

图6–5–29

【用法】

我用白虎洗脸，人招或仰身躲闪，下身必有破绽，我即起右脚踢裆，力点在右脚尖，往后站步，闭手挺身。

（十五）进步出阳掌下步左闭手

1. 右脚向前进一步；右掌向右前方摆出，掌心向后；左掌在右臂上，掌心向下；目视右掌。

2. 下步左闭手：左转身180°，右脚向后撤一步，左脚向前迈一小步成左虚步；右手内旋，两掌向前摆出成左闭手；目视左掌。（图6-5-30）

图6-5-30

【用法】

我用阳掌打对方面门，力点在右手手背，人招，我右手内旋即用双掌向前打出，力点在左手小指边沿。

（十六）闪步两次斜圈捶

1. 接上式，身体稍右转，右脚回收，右掌内旋向右摆；左手握拳内旋向左后摆，拳心向下；目视右掌。（图6-5-31）

图6-5-31

2. 向左转身，左脚向后撤一步，右脚向前进步成右虚步；同时左拳变掌、右掌变拳向左后摆至与面门同高，左掌扶在右前臂上；目视右前方。（图6-5-32）

图6-5-32

3. 右脚向右后撤一步，左脚向前一步成左虚步；同时右拳变掌、左掌变拳向右后摆至与面门同高，右掌扶在左前臂上；目视左前方。

（十七）辘辘捶蹿跳走出

1. 向右后转身，右脚向前一步成螳螂步；左拳变掌向前、向下封，停在右侧身前，掌心向下；右掌变拳向上、向前崩出；目视右拳。（图6–5–33）

2. 垫步向前；右拳向下来回抡砸，左手来回封压。

【用法】

向前进步赶打对方，对方来手，我左手向下封，出右崩捶打面门，力点在右拳拳背。

图6–5–33

图6–5–34

（十八）回身翻车

1. 向左后转身，左脚向前进一步；左手变拳随转身向后砸；目视左拳。（图6–5–34）

2. 右脚向前进右步，随后左转90°；右拳向下砸；左拳变掌收在右胸前；目视右拳。（图6–5–35）

【用法】

人后面来手，我左转回身迎面打下，右捶由右向左后打下人左手，力点在双拳拳轮。

图6–5–35

（十九）侧身鸳鸯脚闭手

挺身

1. 起身成右虚步；屈右臂右拳变掌拉至左后上方。（图6-5-36）

图6-5-36

图6-5-37

2. 右脚提起，向前踢鸳鸯脚与裆同高，脚面绷直，踢裆后迅速收回；左手不变；右掌由左上向右下劈出。（图6-5-37）

3. 微向右侧身，右脚落在左脚前，左脚向后撤步成右虚步；双掌由上至下贴身划弧，回到初始位置，右手立掌，掌心斜向左，指尖与眼高，左手立掌摆至右肘内侧，手指稍高于右臂，掌心向右（此为右闭手）；目视右手。（图6-5-38）

图6-5-38

（二十）双捆

左转身90°，右脚向后蹬成左弓步；右掌外旋向左摆，左掌外旋向右摆至右手上，两掌交叉；目视两掌。（图6-5-39）

图6-5-39

【用法】

人右手来进攻我中门，我屈右臂右掌向左捆，屈左臂左掌向右捆，力点在双掌小指侧。

（二十一）双勾双邦肘

图6-5-40

1. 向右转身成玉环步；两手变勾拉至右腰侧，勾尖向下，左手勾在前，右手勾在后；目视左前方。

2. 左脚向前进左步成螳螂步；两手勾变拳向前推出，左拳在前，右拳面顶在左拳拇指侧；目视左拳。（图6-5-40）

（二十二）双提阳掌打迎面

1. 右脚进步，向左转腰；两拳变掌随转身下滑至左腰侧；目视右前方。（图6–5–41）

图6–5–41

图6–5–42

2. 右转身，右脚向前进右步成螳螂步；右掌外旋，向前打出与面门同高，左掌收至右臂内侧；目视右掌。（图6–5–42）

（二十三）右勾左打连环捶

1. 下肢不变；右掌内旋变勾向后刁拉；目视右手勾。

2. 稍起身；右手勾变拳收至腰间；左掌变拳向前冲出，拳心向下；目视左拳。（图6–5–43）

图6–5–43

3. 左拳外旋收至腰间；同时右拳内旋向前冲出，拳心向下；目视右拳。（图6–5–44）

【用法】

人来手，我右手勾採出，左搓捶打人锁口，随后出右搓捶打锁口，力点在双拳拳面。

图6–5–44

图6–5–45

（二十四）左封右崩捶

1. 接上式，左拳变掌内旋向前、向下封；右拳拉回胸前；随身体目视前方。（图6–5–45）

2. 起身，稍左转身；左拳拉至腰侧；右拳外旋向前、向上崩出，拳背向前；目视右拳。（图6–5–46）

【用法】

接上，我打连环搓捶，人来手招架，我左手封下，出右崩捶打面门。

图6–5–46

（二十五）临行鸳鸯脚闭手挺身

1. 踢右脚与裆同高，脚面绷直；随身体目视前方。（图6-5-47）

图6-5-47

图6-5-48

2. 微向右侧身，右脚落在左脚前，左脚向后撤成右虚步；两拳变掌由上向下贴身划弧，回到初始位置，右手立掌，掌心斜向左，指尖与眼高，左手立掌摆至右肘内侧，手指稍高于右臂，掌心向右（此为右闭手）；目视右手。（图6-5-48）

【用法】

接上，我右手打崩捶，同时起右脚踢裆，力达脚尖，随向后站步闭手挺身。

（二十六）立正收势

1. 向左转身90°，左脚向右脚并拢；两手下落，两掌向两侧上方举起；目视前方。

2. 两手内旋摆至身前，再收于胯两旁，掌心向内，五指并拢；两脚并齐；目视前方。

第六节　拳中摘要六段

一、拳谱

（一）预备式
（二）闭手挺身
（三）左右二太极
（四）上下劈中央
（五）缠龙护眼手
（六）偷打手内藏
（七）左闭反阳掌
（八）空打等上人粘手双闭下
（九）提捣上下扬
（十）双分左步盘肘
（十一）左封右崩捶
（十二）提右步下身撞肘至地
（十三）起身取右手粘捆补心掌
（十四）偷展底漏圈
（十五）下膝隔肘穿
（十六）回身崩圈
（十七）底漏崩捶
（十八）偷展穿捶
（十九）转身右展扑肋打
（二十）正遇黑虎掏心
（二十一）紧接回马鞭指上打下打下而即捎上
（二十二）转身燕子抄水
（二十三）侧身鸳鸯脚
（二十四）双叫左反脚
（二十五）臂肘迎面打右闭左操闪
（二十六）伏地破膝掌取宝
（二十七）起身底叫打
（二十八）反身转堂圈
（二十九）左封右手打
（三十）右回崩圈隔肘下
（三十一）反身四门刁打底漏圈
（三十二）辘辘捶蹿跳走出
（三十三）立正收势

二、动作分解与用法

（一）预备式

1. 两脚并立，两臂下垂，五指并拢，掌心向内；目视前方。（图6-6-1）

图6-6-1

2. 掌心向上，掌尖相对，两掌由丹田（脐下三寸之处）提至胸前；同时，脚后跟提起；吸气。（图6-6-2）

图6-6-2

图6-6-3

3. 两掌向内翻转，掌心向下，两掌下按，气沉丹田；同时顿足；呼气。两掌变拳收至腰间，拳心向上；目视前方。（图6-6-3）

（二）闭手挺身

1. 左脚向后退一步成右虚步；两手变掌向前推出成右闭手，右手在前，掌指与眼同高，左掌在右肘内侧，掌指稍高于右臂；目视右掌。（图6-6-4）

图6-6-4

（三）左右二太极

1. 右脚进步成右弓步；右掌向左下劈，再变拳收回至右腰侧；左掌向右前劈。（图6-6-5）

图6-6-5

2. 右手变勾由左向右横摆至身前右侧，勾尖斜向下；左掌向左、向上推出，掌心向右；随身体目视前方。

3. 左脚向后退一步成右虚步；右手勾提至头右上方，勾尖向下；左掌在右胸前向前推出；随身体目视前方。（图6-6-6）

图6-6-6

（四）上下劈中央

左转身180° 成螳螂步；右手勾变掌向前劈；左掌稍回收至右胸前；目视右掌。（图6-6-7）

图6-6-7

（五）缠龙护眼手

左转身180°，左脚向后退步成右虚步；同时右手握拳外旋收至右腰间；左掌向前推出；目视左掌。（图6–6–8）

图6–6–8

图6–6–9

（六）偷打手内藏

右脚向前进步，左脚拖步；右拳内旋向前冲出，拳心向下；左掌收于左腰侧；目视右拳。（图6–6–9）

（七）左闭反阳掌

起身，两脚活步后撤成螳螂步；右拳变掌外旋反上向前打出，掌心向后；左掌向下封，左手在右腕处，掌心向下；目视右掌。（图6–6–10）

【用法】

接上，我右捶打肋，人招架，我左手向下封闭，随出阳掌打面门，力点在右掌掌背。

图6–6–10

（八）空打等上人粘手双闭下

两脚活步进右步成螳螂步；两手握拳向下打至胸高，拳心均向下；目视双拳。（图6-6-11）

【用法】

接上，我打阳掌人招架，我黏手双闭打对方胸上，力点在双拳拳根。

图6-6-11

图6-6-12

（九）提捣上下扬

1. 起身，两手手腕提至鼻高，两拳并齐，拳心向下；目视两拳。（图6-6-12）

2. 右脚进步成螳螂步；双手手腕下落至胸高，拳心向下；随身体目视前方。（图6-6-13）

注：以上动作两脚都是活步，黏手双闭下，提捣上下扬，双拳不须握紧。

【用法】

接上，我双手闭打，对方含胸躲闪。我随提双手向上打下额，力点在双手勾顶。我打下额，人仰身躲闪，我虽双手下落打胸部，力点在双拳拳根。

图6-6-13

（十）双分左步盘肘

人来手我右手勾，左手封出，右盘肘向前打，右肘尖向前，右拳顶在右胸前，拳心向下，左掌扶在右前臂外；同时左脚向前进左步；随身体目视前方。

【用法】

人来手，我右手向右勾，左手向右分，进左小步，出右盘肘打对方心窝，力点在右肘肘尖。

（十一）左封右崩捶

提右腿；左掌向前、向下封；右拳向前、向上崩出，高于头。

【用法】

人来手，我左手封住，用右崩捶打面门，力点在右拳拳背。

（十二）提右步下身撞肘至地

右脚向前落成螳螂步；屈右肘向前、向下砸至心窝高。（图6–6–14）

图6–6–14

【用法】

接上，我打崩捶，人仰身躲闪，我落右螳螂步，用右肘向下撞对方心窝，力点在右肘肘尖。

（十三）起身取右手粘捆补心掌

起身，左脚进一步成右虚步；同时右手向右勾；左手向右採。随即右手变掌向前推出，掌心斜向前；左手握拳在右臂内侧，拳心向下；目视右掌。（图6–6–15）

【用法】

人右手打来，我右手勾左手採，进左踏鸡步，用左脚勾住对方右脚，用右掌打对方心窝，力点在右掌小指边沿。

图6–6–15

图6–6–16

（十四）偷展底漏圈

稍向右转身后撤；左手偷展向左拉至左侧；右掌变拳向右、向前、向左划弧摆至身前，拳心向下，左掌扶在右前臂上；目视右拳。（图6–6–16）

（十五）下膝隔肘穿

右脚向前进步成螳螂步；右拳变掌向前推出；左掌变拳在右臂内侧，拳心向右；目视右掌。（图6–6–17）

图6–6–17

（十六）回身崩圈

起身成右踏鸡步；右掌变拳向前打出；左拳变掌向左、向上、向右摆至右臂内侧；目视右拳。（图6-6-18）

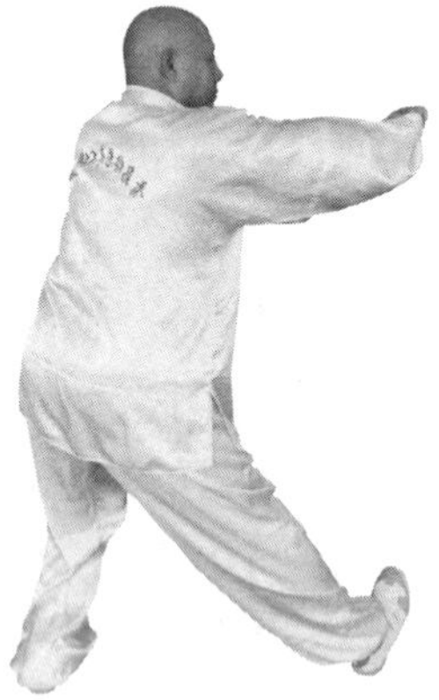

图6-6-18

图6-6-19

图6-6-20

（十七）底漏崩捶

1. 左脚向前进左步；左掌变拳，两拳摆至头两侧；随身体目视前方。（图6-6-19）

2. 右脚向前进步成螳螂步；两拳内旋弧形向外、向上摆至身前，两拳眼相对；目视两拳。（图6-6-20）

（十八）偷展穿捶

左脚再向前进步成螳螂步，向左转身；左拳内旋向左拉至左肩外，与头同高，拳心向左；右拳外旋向左摆至左膝盖前上方，拳心向上；目视右拳。（图6-6-21）

图6-6-21

（十九）转身右展扑肋打

向右后方转身成右弓步；右手内旋握拳刁至右侧外，高于头；左拳外旋打至身前与胸同高，拳心向右；目视左拳。（图6-6-22）

图6-6-22

（二十）正遇黑虎掏心

微左转身成马步；右拳向左后打至心窝高；左拳向后封变掌扶在右前臂上；目视右拳。（图6-6-23）

图6-6-23

（二十一）紧接回马鞭指上打下打下而即捎上

1. 起身；左拳向上冲出，高于头；右拳外旋收至腰间，拳心向上；目视左拳。（图6-6-24）

图6-6-24

2. 下蹲成马步；右拳不变；左拳收回再向下、向左前方打出，拳心向下；目视左拳。（图6-6-25）

图6-6-25

3. 起身；右拳不变；左拳拉回再向上冲出，高于头，拳心向下；目视左拳。（图6-6-26）

图6-6-26

（二十二）转身燕子抄水

向左转身撤左脚成马步；左拳变掌向左封；右拳内旋向左摆出；目视右拳。（图6-6-27）

图6-6-27

图6-6-28

（二十三）侧身鸳鸯脚

1. 向右侧身成右虚步；左掌拉至右腋窝处，掌心向右；右拳变掌，屈右臂拉至左后上方。（图6-6-28）

2. 右脚提起，向前踢出鸳鸯脚与裆同高，脚面绷直；左手不变；右掌由左上向右下劈出；目视前方。（图6-6-29）

图6-6-29

（二十四）双叫左反脚

左转身，落右脚，踢出左反脚；两掌向左前方摆出；目视前方。（图6-6-30）

图6-6-30

（二十五）臂肘迎面打右闭左操闪

图6-6-31

1. 左脚向前落步成螳螂步，右掌变勾向前打出；左掌收在右胸前。（图6-6-31）

2. 向后撤左脚成左虚步；右手勾拉回腰侧；左掌向前平砍，掌指向右，掌心向下；目视左掌。（图6-6-32）

图6-6-32

（二十六）伏地破膝掌取宝

1. 向右后转身180°，进右步；左掌外旋由右后摆至身前，掌心向上；右手勾变掌扶在左前臂上，掌心向下；目视左掌。（图6-6-33）

2. 下肢不变；右掌向前下摆，再收回；目视右掌。

图6-6-33

（二十七）起身底叫打

1. 右脚进步成右弓步；左掌外旋向上摆至右肩前，右掌外旋向上摆至左掌前，两掌交叉，掌心向后；目视两掌。

2. 向前进右步；两掌内旋向前翻腕成右手在前、左手在后，随即向前推出与心窝同高，掌心向前；目视两掌。

图6-6-34

（二十八）反身转堂圈

1. 向左后转身270°，左脚抬起向左后外摆，右脚跳起向左后摆，再撤左脚成右虚步；同时左掌伸开，右手握拳随转体摆至身前，左手扶在右前臂上；随身体目视前方。（图6-6-34）

（二十九）左封右手打

左转180° ；左掌向左后摆；右拳向左后摆至头高，拳心向左，左手扶在右前臂上；目视右拳。

（三十）右回崩圈隔肘下

向右转身90° 成右弓步；右拳摆至膝高，拳心向左；左掌变拳摆至右前臂内侧，拳心向右，两拳心相对；目视右拳。

（三十一）反身四门刁打底漏圈

1. 起身，向左转身90° ；左拳变掌外旋向左摆；右拳内旋向下，拳心向下；目视左掌。（图6–6–35）

2. 左脚向左后跳并左转身，右脚在左脚前落成右虚步；打右圈捶；目视右拳。

3. 左脚向前跳，右脚向后撤一步右转身180° 成左虚步；左拳随身体向右转身摆出，拳眼向右；右掌扶在左臂上，掌心向左；目视左拳。

图6–6–35

图6–6–36

图6–6–37

4. 左脚向左跨一步，脚尖外摆，右脚向左跳一步，向左转身270° ，左脚向后撤一步成玉环步；左掌随转身向左封，右手变拳向左摆至耳门高，左掌扶在右手腕上；目视右拳。（图6–6–36）

5. 右脚抬起向右外摆，左脚向右跳一步，向右转身，右脚向后撤一步，成左虚步；右拳变掌向右封，左掌变拳向右摆至耳门高，右掌扶在左前臂上，掌心向左。（图6–6–37）

（三十二）辘辘捶蹿跳走出

1. 稍向右转身，右脚向前跳一步成螳螂步；右掌握拳向右前摆至高于头，左拳变掌向右前封；随身体目视前方。（图6–6–38）

图6–6–38

2. 稍起身；右拳下砸至膝高；左掌由左上向右前封压；目视前方。（图6–6–39）

图6–6–39

3. 重复前两步的动作。

注：以上动作可重复三次最后成图6–6–39的动作。

（三十三）立正收势

1. 向左转身180°，右脚向左脚并拢；两手变掌摆在身体两侧；目视前方。

2. 两掌弧形向上、向内、向下落至腹前，掌心向下，手指相对；目视前方。

3. 两手外旋落至胯两侧，掌心向内；目视前方。

第七节　拳中摘要七段

一、拳谱

（一）预备式	（二）辘轳捶
（三）回身捆腿	（四）火龙献宝
（五）蹬扑腿	（六）前窜左扫堂
（七）起身抢背	（八）鲤鱼打挺
（九）回身捆腿	（十）火龙献宝

（十一）蹬扑腿

（十二）蹿跳走出

（十三）翻身左旋风脚

（十四）下身楔腿

（十五）穿宫腿迎折脚

（十六）蹬扑腿

（十七）蹿跳走出

（十八）就地扑黄沙

（十九）前扫后扫

（二十）转身飞叉剪

（二十一）翻身扑心脚

（二十二）起身左闭右挡转眼睛

（二十三）双封肘臂挺身

（二十四）收式

二、动作分解

（一）预备式

1. 两脚并立，两臂下垂，五指并拢，掌心向内；目视前方。（图6–7–1）

2. 掌心向上，掌尖相对，两掌由丹田（脐下三寸之处）提至胸前；同时，脚后跟提起；吸气。（图6–7–2）

3. 两掌向内翻转，掌心向下，两掌下按，气沉丹田；同时顿足；呼气。两掌变拳收至腰间，拳心向上；目视前方。（图6–7–3）

图6–7–1

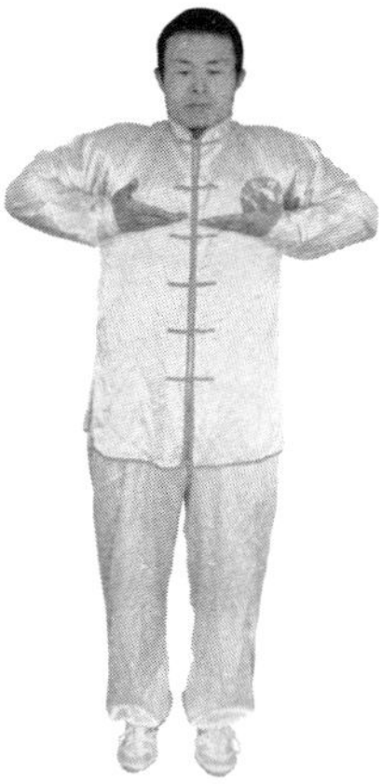

图6–7–2

图6–7–3

（二）辘轳捶

1. 向右转身，左脚向后退一步成右虚步；两手变掌向前推出成右闭手，右手在前，掌指与眼平，掌心向左；左掌在右肘内侧，目视右掌。（图6-7-4）

图6-7-4

图6-7-5

2. 右脚活步成螳螂步；右掌握拳向右前摆至高于头；左掌向右前封至膝盖处；随身体目视前方。（图6-7-5）

3. 右脚跳起后向右前落步；右拳外旋摆在身前；左掌由左上向右前封压。

4. 重复前三动的动作。

注：以上动作可重复三次。

（三）回身捆腿

接上式，起身向左转180°，以左脚为支点，右脚向左后方摆打后仆腿落地（图6-7-6、图6-7-7）

图6-7-6

图6-7-7

（四）火龙献宝

接上式，左腿屈膝沿地面向左扫转，至身体倒成仰卧时，继续在头上扫转，左腿随即向左扫转，至身体倒竖起时，两腿迅速在空中绞转。（图6-7-8～图6-7-10）

图6-7-8

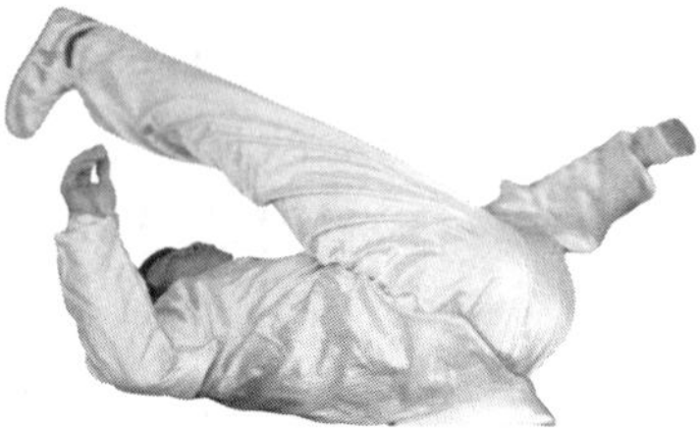

图6-7-9

图6-7-10

（五）蹬扑腿

接上式，两腿绞转后顺势两手撑地。随即两脚落地，左脚向后蹬成右弓步；左手握拳向前打，右手握拳在左臂内侧。（图6-7-11、图6-7-12）

图6-7-11

图6-7-12

（六）前窜左扫堂

接上式，向右转身90°，起身向前窜跳（图6-7-13），窜跳后左腿下仆，回旋360°。（图6-7-14）

图6-7-13

图6-7-14

（七）起身抢背

接上式，回旋后起身，右臂置于头上部，重心前移，两腿蹬直离地，同时屈膝、低头、含胸、提臀，以头的后部在右臂支点前着垫，依次经颈、背、腰、臀向前滚动，当滚至背部着垫时迅速收腹屈膝后坐起，两腿伸直，两手变掌向前推。（图6-7-15～图6-7-17）

图6-7-15

图6-7-16

图6-7-17

（八）鲤鱼打挺

接上式，平躺在地上，手放在身体两侧，尽全力抬起双腿，直至臀部离地，随即迅速摆两腿，两脚着地位置尽量接近臀部所在位置，在两脚向下摆的过程中用肩或手支撑，向上挺起腰，在两脚着地时迅速收腹带动上半身挺直。（图6–7–18 ~ 图6–7–20）

图6–7–18

图6–7–19

图6–7–20

（九）回身捆腿

接上式，起身向左转180° ，以左脚为支点，右脚向左后方摆打后，仆腿落地（图6–7–21、图6–7–22）

图6–7–21

图6–7–22

（十）火龙献宝

接上式，左腿屈膝沿地面向左扫转，至身体成仰卧时，继续在头上扫转，右腿随即向左扫转，至身体倒竖起时，两腿迅速在空中绞转。（图6–7–23、图6–7–24）

图6–7–23

图6–7–24

（十一）蹬扑腿

接上式，两腿绞转后顺势两手撑地。随即两脚落地，左脚向后蹬成左弓步；左手握拳向前打；右手握拳在左肘内侧。（图6–7–25）

图6–7–25

（十二）蹿跳走出

接上式，向左转身90°；左臂向左侧封压，右臂向前探出，身体为左盘式。随即向前窜跳。（图6–7–26）

图6–7–26

（十三）翻身左旋风脚

起身，右脚向前上步，右脚尖内扣，准备蹬地起跳；左掌摆至右胸前，右掌由右向左直臂摆动。随即重心右移，右腿屈膝蹬地跳起，左腿提起向左后上方摆动，随即上体向左上方翻转，右腿做里合腿摆动；同时两臂向下、向左后上方抡摆。（图6-7-27、图6-7-28）

图6-7-27

图6-7-28

（十四）下身楔腿

接上式，落地时，左腿屈膝，右腿下仆。（图6-7-29）

图6-7-29

（十五）穿宫腿迎折脚

起身，身向右转，左腿提膝前踢（图6–7–30），右转180°，左腿落地屈膝，右腿向上踢，勾脚尖；双手撑地。（图6–7–31）

图6–7–30

图6–7–31

（十六）蹬扑腿

接上式，两手撑地起身。随即两脚落地，左脚向后蹬成右弓步；左手握拳向前打；右手握拳在左臂内侧。（图6–7–32、图6–7–33）

图6–7–32

图6–7–33

（十七）蹿跳走出

接上式，向左转90°，右脚上步，左臂向左侧封压，右臂向前探出，身体为左盘式。随即向前窜跳。（图6-7-34）

图6-7-34

（十八）就地扑黄沙

起身，左转180°，屈臂两手撑地卧倒，随即撑地向左翻转平躺。（图6-7-35～图6-7-37）

图6-7-35

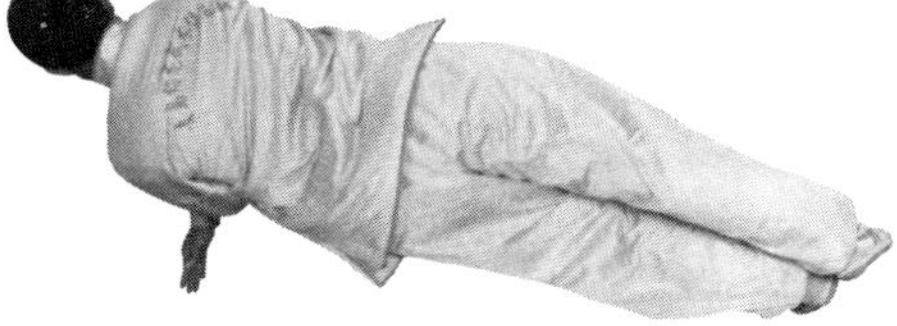

图6-7-36

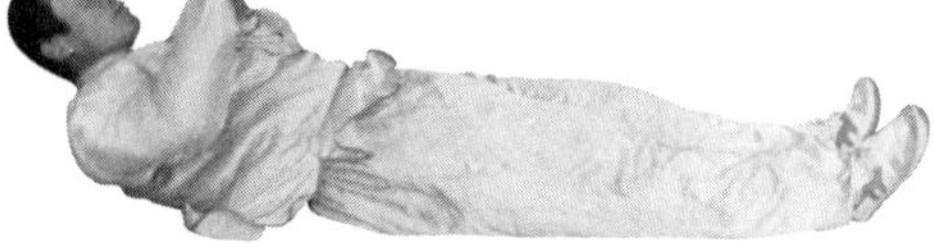

图6-7-37

（十九）前扫后扫

起身，左转180°，右腿屈膝下蹲，左腿回扫180°，随即左腿屈膝下蹲，右腿回扫180°。（图6-7-38、图6-7-39）

图6-7-38

图6-7-39

（二十）转身飞叉剪

起身，右脚尖内扣，准备蹬地起跳；左掌摆至右胸前，右臂由右向左直臂摆动。随即重心右移，右腿屈膝蹬地跳起，左腿提起向左后上方摆动，随即上体向左上方翻转，右腿做里合腿摆动；同时两臂向下、向左后上方抡摆。（图6-7-40、图6-7-41）

图6-7-40

图6-7-41

（二十一）翻身扑心脚

接上式，转身落地后翻身卧倒，右腿前蹬，脚面绷直。（图6-7-42）

图6-7-42

（二十二）起身左闭右挡转眼睛

接上式，向右回转180° 起身成右虚步；右手由右上向左前打下，后变螳螂勾提起；左手勾置于右腋下。

（二十三）双封肘臂挺身

右虚步不变；两手变掌向前推出成右闭手，右手在前，掌指与眼平，掌心向左；左掌在右臂内侧，掌心向右，掌指稍高于右臂；目视右掌。（图6-7-43）

图6-7-43

（二十四）收式

1. 向右转身90° ，左脚向右脚并拢；两手下落，两掌向两侧上方举起；目视前方。

2. 两手内旋摆至身前，再放于胯两旁，掌心向内，五指并拢，两脚并齐；目视前方。

太极螳螂拳传承人简介

太极螳螂拳第一代传人侠盗

太极螳螂拳，起源于明末清初，由王朗创立，他也被尊称为螳螂拳的鼻祖。其作为第一代传人的身份颇为神秘，被称为侠盗，但具体姓名及生平事迹在历史文献中并未明确记载。有关侠盗的传说众多，其中一种流传较广的说法是，李秉霄（后为螳螂拳第二代传人）是位身怀医术的侠义人士，因犯事被囚。在牢中，他救治了一位病重的犯人，此人恢复后为报救命之恩，传授了螳螂拳给李秉霄。李秉霄出狱后，将这门武术流传于世。莱阳县县志则这样记载："习螳螂拳术先是小赤山李秉霄乾隆时随父宦游南中，有大盗某甲于狱中得危疾，已昏不知人，典狱以告官命出之，秉霄通医理，过试其脉，买药饮之，盗汗出而苏，夜半伺隙潜循，越数月，秉霄深夜独坐，盗突至叩谢，秉霄与语欢甚，盗以艺授之，秉霄亦英敏，艺成而盗不复至"。尽管侠盗的真实身份已无从考证，但在螳螂门的拳谱和传承中，他仍被尊为本门的初祖。

太极螳螂拳第二代传人李秉霄（李二钩）

李秉霄（1720—1800年），字而垢，号两涧道人，绰号李二钩。他是螳螂拳的第二代祖师，对该武术流派的形成和发展作出了重要贡献。据历史记载，李秉霄出生于小赤山，晚年定居于史家河。

据崔寿山编写的螳螂拳谱记载，李秉霄得到了一位异人的传授，他兼取内外家之长，最终创立了螳螂拳。因此，他被公认为是螳螂拳最早的传人。

在得到螳螂拳的技艺后，李秉霄放弃了文学事业，转而投身武学。他出家为道，自称两涧道人，云游四方长达40年之久。他晚年回到家乡开办了私塾，并正式创立了螳螂拳流派。此后，他将这一武术技艺传授给了赵珠，使其得以传承至今。

太极螳螂拳第三代传人赵珠

赵珠（约1760—1840年），原名赵起禄，是清嘉庆年间莱阳大赤山村的一位杰出武术家，被誉为螳螂拳的第三代宗师。莱阳地区历来以螳螂拳闻名（被称为螳螂窝子），此地深厚的武术传统和独特的武术风格吸引了无数武术爱好者。

赵珠出身于世家大族，自幼受到良好家族教育的熏陶，对武术产生了浓厚的兴趣。他的乳名是“珠儿”，同行们都亲切地称他为“赵珠”。大赤山的李秉霄对赵珠的武术之路产生了深远的影响。李秉霄在云游四方回到莱阳后开设私塾，传授文武之道。赵珠有幸成为其门下弟子，得以系统学习螳螂拳技艺，最终成为螳螂拳的第三代宗师。

赵珠的螳螂拳技艺源于李秉霄大师，他通过勤奋的修炼和不懈的努力，将这一武术流派发扬光大。在继承了螳螂拳的精髓后，赵珠又将其传承给了梁学香，为螳螂拳的传承和发展作出了重要贡献。

太极螳螂拳第四代传人梁学香

梁学香（1810—1895年），字书圃，别名梁二铁锤、梁一眼，系螳螂拳第四代宗师。其先祖自莱阳梁家夼村迁居前岚子村，后定居于海阳榆山夼村。对于梁学香之名，存在多种别字记载，如民国莱阳县志中记为梁梦乡，香港则传为梁树香。

梁学香

梁学香年少时曾在姑父赵义彤家看管牛群及树林。赵义彤之父，即一代螳螂拳宗师赵珠，经常在树林中教授徒弟螳螂拳。梁学香虽身材矮小，但身手敏捷，心性聪明，勤奋好学，常暗中观摩并私下练习赵珠所传授的拳法，其进步神速。不久，这一行为被赵珠发现，见其资质非凡，便正式收其为徒。

经过十余年的精心传授与自我修炼，梁学香深得赵珠真传，不仅成为赵珠的得意门生，更练就了一双威力惊人的铁拳。据传，梁学香能够一拳打死一头牛，因此被尊称为“梁二铁锤”。赵珠去世后，尚未满三十岁的梁学香便以精湛的螳螂拳艺闯荡江湖，遍访胶州各地的武林好友，传授拳艺。期间，他曾在福山南涂以螳螂拳交换得到六合棍法。梁学香不仅是首位将螳螂拳传入烟台的武术家，还在清道光年间烟台商埠繁华之际涉足保镖行业。

在保镖生涯中，梁学香多次遭遇强盗，其中一次深夜遭遇劫镖导致右眼受伤，因此江湖人称“梁一眼”。之后，他选择回归家乡隐居。莱阳黄金沟的姜化龙，作为梁学香的杰出弟子，不仅继承了师父的武术精髓，更成为螳螂拳发展的重要推动者之一。为表达对师父的感激之情，姜化龙在榆山夼村为梁学香建造了六间瓦房，这些房屋至今还在。

太极螳螂拳第五代传人姜化龙

姜化龙（1855—1924年），本名姜吉纯，字云生，莱阳县黄金沟人。他身材虽不满五尺，但威武壮硕，骑白马、手持红缨银枪，展现出非凡的气势。作为螳螂拳的第五代宗师，他的武功造诣深不可测。

姜化龙

姜化龙家境殷实，拥有三排瓦房和30余亩田地。他自幼学习长拳，16岁时拜姑父梁学香为师，苦学螳螂拳六年，终成一身好功夫。他的武功刚猛凌厉，罕有敌手。1935年的莱阳县志记载：“化龙身不满五尺，又凝肥，若无能者，及试其伎则灵巧若猿。”尽管身材短小粗壮，双腿弯曲，但他却气概非凡。外出时，他常穿白袍、骑白马、手持红缨枪，显得威武不凡。

姜化龙与李丹白（李中箱）、宋子德两位名师志同道合，结为兄弟。他们各自擅长不同的武术技艺，相互学习、取长补短，共同推动了武术的发展。其中，他们精通的硬气功三回九转罗汉功（也称排打功）也为后世留下了宝贵的武术财富。

1877年，年仅22岁的姜化龙开始以教拳为生，游走于胶东各地拳馆，结识了许多武功高手，开阔了眼界。在此期间，他与邻村的宋子德互相传艺，共同提高。同年，同县著名拳师李丹白慕名前来拜访姜化龙，两位英雄惺惺相惜，联手将姜化龙的武功名扬江湖。

姜化龙的儿子姜东洋也继承了他的武术天赋，功夫非凡。姜化龙曾在烟台开设武馆八年，期间，烟台各地的武馆数量达到30多家。尽管竞争激烈，但姜化龙凭借其高超的武功和独特的教学方法，赢得了众多学员的尊敬和喜爱。然而，他的儿子因年少轻狂，一夜之间踢垮了8家武馆，得罪了不少人，最终被人设计陷害致死。这一事件给姜化龙带来了巨大的打击，他心怀失子之痛，回到西乡山村继续教拳。后来，他与宋子德在西赵格庄合场教拳，共同开创了螳螂拳最辉煌的时代。

太极螳螂拳第五代传人李丹白

李丹白（1858—1911年），字铭阁，系山东莱阳由格庄（现属莱西）人士。他与姜化龙、宋子德志同道合，结为异姓兄弟。李丹白与姜化龙相互研讨武艺，时常相互切磋，二人实力相当。

一日，于梁学香拳房（此拳房由宋子德出资，姜化龙负责建造）内，李丹白与姜化龙联手较量。李丹白施展翻车辘轳捶，令姜化龙步步退让，直至拳房尽头。随后，姜化龙运用铁扫帚招式反击，将李丹白逼至拳房另一端。二人武艺精湛，招式独特，互相学习，共同进步。特别是李丹白传授的中路翻车、一肘遮半身、辘轳捶等技艺，为螳螂拳增色不少，尤其是第7段摘要的应用，更使螳螂拳技艺达到新的高峰。

姜化龙性格勇猛好斗，多次与李丹白、宋子德一同寻访武林高手，每战必胜。因此，民间有“打得硬李丹白，打得泼姜化龙”之美誉。李丹白在山东武林界享有崇高声望，被誉为泰山北斗。

太极螳螂拳第五代传人宋子德

宋子德（1855—1932年），字耀坤，莱阳照旺庄镇西赵格庄人。他自幼便致力于文武之道，不仅精通武艺，还亲自撰写了螳螂拳谱，为后世留下了宝贵的武术遗产。对于其家族背景，有必要澄清一个误解：宋子德并非栖霞牟二黑的外甥女婿，而其大哥是牟二黑的孙女婿（此为了历史的真实性，笔者特地与崔寿山的外甥石民琦先生求证）。

宋子德

宋子德家境殷实，早年赴莱阳沙窝村学习猴拳，后拜水口村地趟拳名家宋允通之孙宋寿恺为师，深入研习地趟拳。他身高八尺，体格魁梧，相貌堂堂，性格豪爽。因排行第二，故人称宋二爷。他与姜化龙为同辈远房亲戚，二人在访友比武中结识了拳师李丹白，因志同道合，结为兄弟。在宋子德的提议和资助下，姜化龙得以重返恩师梁学香身边，进一步学习螳螂拳，并将所学毫无保留地传授给宋子德。后来，宋子德、姜化龙和李丹白三人以螳螂拳在武林中享有盛名。

1902年，宋子德利用自家的东升油坊在村中开设拳房，主要招收亲朋好友的子弟学习螳螂拳。其中包括侄子宋福亭、儿子宋环亭、外甥崔寿山、侄女婿王玉山、义弟之侄李昆山及赵式亭等人。这些人在宋子德的指导下不仅学到了地道的武艺，后来还均成为螳螂拳大师。1912年，宋子德与姜化龙北上辽东，在张作霖刚掌握军权时，经人引荐加入其卫队担任武术教练，受到张作霖的赏识。然而，1914年，因担心时局变化，宋子德独自返回胶东。1917年，他在烟台收纪春亭为徒，短时间内便教会了纪春亭六段螳螂拳摘要。鉴于当时日本人对太极螳螂拳拳法和拳谱的觊觎，为防意外，宋子德于1918年春将烟台的生意安排妥当后返回老家。

宋子德一生致力于武术的学习与研究，他的主要弟子有崔寿山、李昆山、王玉山、藏玉山、宋福亭、宋环亭、姜吉和、赵式亭、姜玉龙、吕天章、宋聚奎等。1932年秋，一代宗师宋子德因病去世，享年77岁。

太极螳螂拳第六代传人崔寿山

崔寿山（1890—1969年），字彭年，莱阳市东诸麓村人，太极螳螂拳第六代传人，螳螂拳宗师宋子德的外甥，与李昆山、王玉山师承宋子德，并称为螳螂拳“莱阳三山”，为宋子德入室八大弟子之首。

崔寿山

崔寿山先生出身于名门望族。崔寿山先生亲自编撰的《螳螂拳谱》是螳螂拳有史以来，从理论到实战最为丰富和完整的提炼和总结，是不可多得的武学典籍之一，现珍藏于国家体育总局档案馆。1986年在全国武术观摩交流大会上获“雄狮一等奖”，崔寿山先生也被载入《中华武术人物大辞典》。

太极螳螂拳第六代传人王玉山

王玉山

王玉山（1892—1976年），太极螳螂拳第六代传人，山东莱阳县崔疃村人，太极螳螂拳著名的“三山”之一。王玉山出身于富裕之家，其祖父出于自保，1902年让10岁的王玉山随其外祖父学习地趟拳8年。1910年，18岁的王玉山正式拜宋子德为师，习太极螳螂拳7年。后来因为王玉山已是宋子德的侄女婿，宋子德与姜化龙互传拳艺，共同带徒，由此王玉山有缘随姜化龙学拳，尽得螳螂拳真传，艺成后其武功臻于化境，高深莫侧，尤以太极手闻名于世。

1917年，王玉山25岁时开始授徒传艺，26岁受山东蓬莱八角聘请教拳一年，因先生的父母不允许其离开家乡，后又回到莱阳任教。1929年王玉山接受青岛国术馆第十练习所邀请担任教练，传授太极螳螂拳。1930—1932年多次参加青岛擂台赛，并均取得优异成绩。

1933年，莱阳国术馆急电将王玉山先生召回莱阳，参加莱阳擂台选手选拔赛，被选为莱阳代表参加山东省擂台赛。先生以精湛的技艺，单兵击败了来山东参赛的河南、河北的武术高手取得冠军。在本次比赛的拳法竞技中，王玉山先生也是展现出了卓越的技艺和实力。最终，以精湛的螳螂拳技艺，包括翻车辘轳锤和一肘遮半身等招式，成功击败了山东国术馆的高手马洪志，将其打下擂台。这一胜利引起了广泛关注和赞誉，为此，比赛暂停了两天。在此期间，山东省省长马良和山东国术馆馆长窦来庚分别发表了讲话。他们高度评价了王玉山先生的出色表现，并说“以莱阳代表

王玉山在济南府打擂获优胜奖（中间正面者为王玉山）

的打法，这些人都不够他打的”。最终，王玉山先生获得特别奖，代表山东省参加全国比赛。

1933年10月，第二次全国国术考试在南京举行，共21个省、市438人参加。进行拳术、长兵、短兵、散手和摔跤比赛，散手比赛没有时间限制。此次擂台赛王玉山先生在散手比赛中的铁拳如暴风骤雨，用他的一肘遮半身、辘轳捶等招法，打得对方无法招架、连连躲闪，几局过后大获全胜，取得优胜奖，威震全国武林。1933—1937年，先生一直在莱阳国术馆任教，1937年，“七七事变”后，先生回到原籍莱阳县崔疃村开设拳房，之后又在山东省第十一联中任武术教师。

1940年后王玉山重返青岛在山东省立中学、中纺公司等处任国术教师，并在50年代后期多次任青岛市武术裁判。王玉山先生在青岛弟子众多，形成太极螳螂青岛派，是太极螳螂拳的重要传播地。

太极螳螂拳第六代传人李昆山

李昆山（1894—1982年），字进玉，另有资料也称其为李崑山、李坤山。12岁起跟叔父李丹白先生学习长拳、罗汉拳、地趟拳、三枪、刀剑棍等，后师从姜化龙、宋子德学习螳螂拳，也是太极螳螂拳第六代传人，与王玉山、崔寿山三人并称为山东“莱阳三山”。

李昆山

1911年，李昆山17岁，叔父李丹白病重不治，弥留之际，嘱咐他拜师伯姜化龙、师叔宋子德为师，继续练习螳螂拳。1914年，20岁的李昆山先拜于姜化龙门下，后拜在宋子德门下习练螳螂拳。因姜、宋、李三人是结义兄弟，所以二人对李丹白的侄子李昆山格外爱惜，教拳也十分尽心。

李昆山于1930年担任黄县警察队队长，1931年在山东国术馆担任教职。1933年，他参加了第五届全国运动会，并在刀术项目中荣获第四名。同年，他与王玉山先生一同代表莱阳县参加了在山东济南举行的全省国术选拔赛。在比赛中，李昆山先生凭借精湛的大枪对刺技艺，荣获全省第一名。

1933年10月，李昆山与王玉山一同前往南京，参加了在中央国术馆举行的国术考试。凭借精湛的枪术，李昆山成功获得了优胜奖和代表最高荣誉的金盾。

1948年，李昆山随国民党前往台湾。在台湾，他的主要传人有李登五（其子）、李鸿杰及陈培等人。值得一提的是，陈培后来前往美国传承螳螂拳，并担任美西北国术总教练。李昆山于1982年在台湾逝世，享年88岁。

太极螳螂拳第六代传人纪春亭

纪春亭，山东诸城人，出身武术世家，擅长长拳和各种器械。纪春亭从小跟随祖父习武，得其家传，后来在烟台拜宋子德为师，继而由崔寿山代师传艺，纪春亭是第六代螳螂拳传人。纪春亭20岁时在烟台协助父亲经商，当时纪家在小海洋街拥有二星宫、雅江泉等多处客栈和房产，在西沙旺拥有200多亩果园，并开设了一家武馆，在烟台的商界及武术界有着很高的威望。

年轻时的纪春亭主要在自家的武馆里当拳师，当时宋子德和姜化龙都在烟台港教拳，螳螂拳在烟台的名气很大，年轻气盛的纪春亭很想见识一下螳螂拳的威力。1917年，一个偶然的机会，纪春亭经人介绍与宋子德在丹桂戏院见面，二人相见，略试身手，纪春亭便折服，欲拜宋子德为师，宋子德见纪春亭心高气傲，便未答应。纪春亭的父亲四处托人说情，并愿出资以每段（螳螂拳摘要）学费100元大洋的高价，邀宋子德到家里教拳，宋子德盛情难却，便答应下来。因纪春亭的武功基础好，悟性也高，又肯吃苦，半年时间即学完了全部螳螂拳6段摘要套路，宋子德感到纪春亭的武术天资超过常人，十分爱惜。1918年春，宋子德因故离开烟台，便立即派爱徒崔寿山赶赴烟台代其授徒。此后，纪春亭即师从小自己5岁的崔寿山，系统地学习太极螳螂拳，二人朝夕相处，以兄弟相称，时常对拳交手演练，纪春亭的螳螂拳艺也达到炉火纯青的境界。1926年，纪春亭去到丹东，以传授螳螂拳为业，在丹东结识了螳螂拳名家袁子和黄永凯，在奉天（沈阳）打擂时，以一招滚龙肘取得冠军，名扬东北，最后落脚大连并站稳脚跟。由于纪春亭家资雄厚，武功高强，地位特殊，不久便威震大连武坛，被大连武术界称为纪虎，且得到少帅张学良的赏识。

1932年，名声在外的纪春亭应邀到黄县国术馆任教，在此结识了神枪李书文、八卦掌名师宫宝田，武艺更加精进，此后，纪春亭经常往返于大连、胶东，直至1937年武馆解散。纪春亭的螳螂拳弟子遍布东北三省，为螳螂拳在东三省的传播作出了巨大贡献。

太极螳螂拳传承脉络

太极螳螂拳开派鼻祖：王朗

太极螳螂拳第一代：侠盗

太极螳螂拳第二代：李秉霄

太极螳螂拳第三代：赵珠

太极螳螂拳第四代：梁学香

太极螳螂拳第五代：姜化龙、李丹白、宋子德

太极螳螂拳第六代：崔寿山（师承宋子德）、王玉山（师承宋子德）、李昆山（师承姜化龙、宋子德）

太极螳螂拳第七代（师承王玉山）：夏绍龙、刘宝民、郭可礼、胡升昌、袁广洲、陈德泰、李邴义、刘可玉、刘振民、宋得喜

太极螳螂拳第八代（师承夏绍龙）：夏松、华良、王绪科、孙贵东、孙贵亮、臧文龙、曲学进、朱永涛、徐希端、张士俊、陈仁革、王选博、徐文亮、葛春和、牛静雯、范磊、杨曦、毕乃宣、杜平业、潘端春、解琪皓、潘潍平、姜玉堂、刘可柿、宫玉杰、李茂青、杨金利、朱显述、朱有述、王瑞正、林岩、李忠民、杨学顺、李明德、于建伟、战春伟、于迎春、于勇、王先先、李祥高、葛得和、辛兆其、范文正

1976年9月12日，夏绍龙与恩师王玉山合影留念

夏绍龙年轻时练功留影